AS HERESIAS
DE
PEDRO ABELARDO

COLEÇÃO
MEDIEVALIA

Copyright da edição brasileira © 2017 É Realizações
Título original: *S. Bernardi Claraevallensis Opera Omnia*

Editor
Edson Manoel de Oliveira Filho

Coordenação da Coleção Medievalia
Sidney Silveira

Produção editorial e projeto gráfico
É Realizações Editora

Revisão
Marta Almeida de Sá

Diagramação e capa
Nine Design Gráfico | Mauricio Nisi Gonçalves

Reservados todos os direitos desta obra. Proibida toda e qualquer reprodução desta edição por qualquer meio ou forma, seja ela eletrônica ou mecânica, fotocópia, gravação ou qualquer outro meio de reprodução, sem permissão expressa do editor.

CIP-BRASIL. CATALOGAÇÃO NA PUBLICAÇÃO
SINDICATO NACIONAL DOS EDITORES DE LIVROS, RJ

C541h

    Claraval, São Bernardo de, 1090-1153
       As heresias de Pedro Abelardo / São Bernardo de Claraval ; tradução Carlos Nougué , Renato Romano. -- 1. ed. -- São Paulo : É Realizações, 2017.
       120 p. ; 23 cm. (Medievalia)

    Tradução de: S. Bernardi Claraevallensis opera omnia
    ISBN: 978-85-8033-294-0

       1. Abelardo, Pedro, 1079-1142. 2. Igreja Católica - Sermões. I. Nougué, Carlos. II. Romano, Renato. IV. Título V. Série.

17-40051
                                                                 CDD: 252
                                                                 CDU: 27-475-5

05/03/2017   06/03/2017

É Realizações Editora, Livraria e Distribuidora Ltda.
Rua França Pinto, 498 · São Paulo SP · 04016-002
Caixa Postal: 45321 · 04010-970 · Telefax: (5511) 5572 5363
atendimento@erealizacoes.com.br · www.erealizacoes.com.br

Este livro foi impresso na Paym Gráfica e Editora em março de 2017. Os tipos são da família Sabon Lt Std e Trajan Regular. O papel do miolo é o Lux Cream 80 g, e o da capa cartão Ningbo C2 250 g.

AS HERESIAS DE PEDRO ABELARDO

São Bernardo de Claraval

Tradução de Carlos Nougué e Renato Romano

SUMÁRIO

Apresentação: "A luta de São Bernardo de Claraval pela integridade da fé" por Carlos Nougué 7

AS HERESIAS DE PEDRO ABELARDO

Admonitio in opusculum XI 32
Advertência sobre o opúsculo XI 33

Incipiunt Capitula Haeresum Petri Abaelardi 44
Heresias de Pedro Abelardo 45

CARTA 190 AO PAPA INOCÊNCIO II

Bernardi abbatis contra quaedam capitula errorum abaelardi epistola CXC seu tractatus ad innocentium II Pontificem 62
Carta de número cento e noventa ou tratado de São Bernardo contra alguns erros de Abelardo, ao Papa Inocêncio II 63

CAPUT I | CAPÍTULO I
Impia Abaelardi de sancta Trinitate dogmata recenset, et explodit 64
Exposição e refutação dos dogmas ímpios de Abelardo acerca da Trindade 65

CAPUT II | CAPÍTULO II
In Trinitate non esse admittendam ullam disparitatem, sed omnimodam aequalitatem 70
Não se pode admitir diferença nem desigualdade de espécie alguma na Trindade 71

CAPUT III | CAPÍTULO III
Absurdum dogma Abaelardi, nomina absoluta et essentialia uni personae proprie et specialiter attribuentis, oppugnat 74
Doutrina absurda de Abelardo que atribui propriamente e especificamente a uma pessoa nomes absolutos e essenciais; refutação dessa doutrina 75

CAPUT IV | CAPÍTULO IV

Refellit definitionem fidei, qua dicit Abaelardus fidem esse aestimationem 82

Abelardo havia definido a fé como uma estimativa, como uma opinião 83

CAPUT V | CAPÍTULO V

Arguit Abaelardum, sua sensa aut somnia unanimi Patrum sententiae praeferentem; praesertim ubi dicit Christum non ideo incarnatum, ut hominem liberaret de potestate Satanae 86

São Bernardo censura a Abelardo o preferir suas opiniões e devaneios ao sentir unânime dos Padres; sobretudo quando pretende que Cristo não se encarnou para libertar o homem do poder do demônio 87

CAPUT VI | CAPÍTULO VI

In opere liberationis humanae non solum misericordiam, sed et justitiam relucere 94

Na obra de libertação do homem brilha não somente a misericórdia de Deus, mas também sua justiça 95

CAPUT VII | CAPÍTULO VII

Abaelardum perstringit, impie ac temere Dei secreta scrutantem et extenuantem 100

Abelardo debilita, sondando-os tanto com impiedade como com temeridade, os segredos de Deus 101

CAPUT VIII | CAPÍTULO VIII

Quare Christus tam gravem ac laboriosum nos liberandi modum susceperit, cum sola ejus voluntas seu jussio sufficeret 104

Por que Cristo escolheu um meio de libertar-nos tão penoso e doloroso, quando lhe teria bastado um só ato de sua vontade ou uma só palavra de sua boca 105

CAPUT IX | CAPÍTULO IX

Christum venisse in mundum, non solius instructionis nostrae, sed et liberationis causa 110

Cristo veio a este mundo não somente para nos instruir, mas também para libertar-nos 111

Notas 117

Apresentação

Carlos Nougué

A luta de São Bernardo de Claraval pela integridade da fé

A palavra "heresia" provém do vocábulo latino *hæresis* ('opinião, sistema, doutrina, seita, etc.'), que por sua vez deriva do grego αἵρεσις ('eleição, escolha, opção'). Na linguagem eclesiástica e na teológica, *heresia* cinge-se a significar 'o conceito ou a doutrina que contrariem ou deturpem qualquer verdade de fé', enquanto *herético* significa 'aquele que defende pertinazmente alguma heresia sobretudo após duas advertências das autoridades eclesiásticas'.[1] E as autoridades eclesiásticas – cuja pedra angular é o Papado, especialmente enquanto assistido pelo Espírito – não intervêm com respeito à heresia senão porque esta contraria frontalmente dois dos fins da Igreja, a custódia e a difusão da verdade revelada, as quais foram ordenadas por Cristo mesmo ao dizer: "Ide e ensinai a todas as gentes [ou nações]".[2]

A existência mesma da Igreja depende de sua unidade doutrinal, ou seja, da inalterabilidade em seu âmbito daquilo que, por divino, é de si inalterável: com efeito, diz Cristo que "o céu e a terra passarão, mas minhas palavras não passarão".[3] E, com efeito, se perdesse tal unidade doutrinal, a Igreja não só iria contra aquilo que de si é inalterável, senão que ela mesma logo se esfacelaria e se despedaçaria, entropicamente, em mil "igrejas", como sucede no âmbito do protestantismo, que, herdeiro da fratura luterana, se divide em progressão geométrica na medida mesma de sua falta de unidade doutrinal e magisterial.

Desde o início as heresias foram um insidioso inimigo *interno*, contra o qual a Igreja se viu obrigada a lutar incessantemente. São Paulo foi o primeiro a agir,

---

[1] Não é ocioso advertir que a Igreja não possui jurisdição sobre pessoas de outras religiões, razão por que não as alcança nenhuma medida eclesiástica disciplinar. Tais pessoas se chamam propriamente *infiéis*, ainda que a heresia, como se verá, seja um tipo especial de infidelidade.
[2] *"Euntes ergo docete omnes gentes"* (Mt 18,19).
[3] "Caelum et terra transibunt, verba vero mea non praeteribunt" (Mt 24,35).

e de modo enérgico, contra um desvio favorecedor de heresia: durante o Concílio de Jerusalém (49-50), criticou *in faciem* a Pedro, o primeiro Papa, pelas concessões que tendia a fazer a judeus conversos – naquilo que posteriormente se convencionou chamar *particularismo judeu*, ou seja, a opinião segundo a qual os primeiros cristãos estariam obrigados a obedecer às prescrições mosaicas, em particular no concernente à circuncisão.[4] Tratava-se, portanto, não só de afirmar a liberdade cristã em face das prescrições legais mosaicas, mas sobretudo de velar pela integridade da doutrina de Cristo, conforme à qual a Antiga Lei está para a Boa-Nova evangélica assim como o imperfeito está para o perfeito, ou a criança para o adulto.[5] São Paulo percebeu que, se a heresia do particularismo judeu não fosse imediatamente derrotada, inumeráveis gentios deixariam de converter-se ao Evangelho, e a Igreja mesma correria o risco de perder-se. O resultado é conhecido de todos: admoestado por Paulo, Pedro proclamou solenemente a invalidez de tal opinião, e logo após o Concílio se enviaram cartas a diversas comunidades cristãs para comunicar-lhes o que fora decidido na reunião dos apóstolos e dos anciãos. Com isso, reafirmou-se a absoluta liberdade cristã e sua independência com respeito à Lei Antiga naquilo que não concernisse à lei natural.

Mas o mundo atual é quase de todo dominado pela mentalidade liberal, que no Concílio Vaticano II alcançou o próprio cume da hierarquia eclesiástica mediante especialmente a tese do mal chamado "ecumenismo": segundo este, com efeito, equivaler-se-iam de algum modo todas e quaisquer crenças. Por isso, para que hoje se entenda perfeitamente o livro que apresentamos, é-nos preciso antes de tudo insistir, algo mais aprofundadamente, no que é a heresia, no que é o herege e em como procede a Igreja com respeito a este.

---

[4] Eram fariseus os propugnadores do particularismo judeu (cf. At 15,5).
[5] Cf. Santo Tomás de Aquino, *Suma Teológica*, I-II, q. 107, a. 2, c. Como o mostra Santo Tomás de Aquino, a Antiga Lei Mosaica contém os preceitos da lei natural, aos quais, todavia, agrega outros, particulares. Quanto aos primeiros, todos os homens são obrigados a observá-los, porque a lei natural é uma participação da razão humana na lei eterna, apreensível pela sindérese (ou seja, o hábito inato dos primeiros princípios do intelecto prático). Há, portanto, uma como conaturalidade entre a inteligência humana e estes primeiros princípios universalíssimos, razão por que sua não observância implica grave pecado, enquanto defrauda a natureza e infringe as leis que regem a vida humana. A Nova Lei ou lei evangélica, por sua vez, infundida sobrenaturalmente por Deus mesmo, se não revoga nenhum preceito da lei natural constante da lei antiga, eleva-os todos a uma instância muito superior, razão por que se diz que é seu complemento e cumprimento perfeito.

- Como visto pelo próprio étimo grego da palavra *heresia*, esta supõe escolha, opção. Mas não se escolhe algo senão enquanto este algo é algum meio para alcançar determinado fim ou bem. Ora, no relativo à fé, ou seja, às coisas que devem ser cridas, a vontade do homem adere a uma verdade como a seu fim ou bem próprio. "Assim, o que possui a verdadeira fé cristã assente por sua vontade a Cristo quanto ao que verdadeiramente pertence à doutrina de Cristo. Por isso, da retidão da fé cristã é possível desviar-se duplamente. De um modo, por não querer assentir ao próprio Cristo: o que é ter como uma má vontade com respeito ao fim [ou bem]. E isto pertence à espécie de infidelidade dos pagãos e dos judeus. Do outro modo, porque, conquanto se intente assentir ao que é de Cristo, falha-se porém ao escolher os meios mediante os quais assentir a Cristo: porque não escolhe o que em verdade Cristo ensinou, mas o que sugere sua própria mente. E, assim, a heresia é uma infidelidade própria dos que professam a fé de Cristo mas corrompem seus dogmas".[6]

- Atente-se a que a heresia implica corrupção da *fé cristã*, o que é o mesmo que dizer que não há heresia quando se erra em Gramática, ou em Geometria, ou em Física consideradas em si mesmas. Sucede porém que uma doutrina pode ser de fé duplamente:[7] ou direta e principalmente, quando se trata dos artigos de fé (os dos símbolos dos Apóstolos), ou indireta e secundariamente, quando se trata de coisas que acarretam de algum modo a corrupção desses mesmos artigos. É o que se dá, por exemplo, quando se afirma, seguindo ao darwinismo, que o homem veio do macaco. Pois bem, dos dois modos pode haver heresia.[8]

- Se todavia se trata dos hereges, há duas coisas que considerar: uma da parte dos hereges, a outra da parte da Igreja.

◊ *Da parte dos hereges*, há que dizer que seu pecado é o mais grave dos pecados: porque, com efeito, "é muito mais grave corromper a fé, que é a vida da alma, que [por exemplo] falsificar dinheiro, que serve à vida temporal".[9] Daí a dureza das penas eclesiásticas contra os hereges (ou seja, os que pertinazmente sustentam a heresia), a mais importante das quais é a excomunhão.

---

[6] Santo Tomás de Aquino, ibidem, II-II, q. 11, a. 1, c.
[7] Cf. Santo Tomás de Aquino, ibidem, I, q. 32, a. 4.
[8] Cf. Santo Tomás de Aquino, ibidem, II-II, q. 11, a. 2, c. Cf. também Papa Leão Magno, *Epist. 129*, ad Proterium; e Graciano, *Decretum*, P. II, causa 24, q. 3, can. 29.
[9] Santo Tomás de Aquino, *Suma Teológica*, II-II, q. 11, a. 3, c.

◊ *Da parte da Igreja*, lembre-se que ela sempre usou de misericórdia para com os que erram, tendo em vista justamente sua conversão. É por isso que a Igreja não condena ou excomunga imediatamente, mas só "depois da primeira e da segunda advertência", ou seja, repita-se, tão somente se o herege se mantém pertinaz no erro, como ensina São Paulo.[10]

• O que se acaba de dizer decorre da caridade, e, com efeito, conforme a instituição do próprio Senhor, a Igreja estende sua caridade a todos. Lê-se em Mateus (5, 44): "Amai os vossos inimigos e fazei o bem aos que vos perseguem". Mas este bem é duplo. Antes de tudo, há o bem espiritual, ou seja, a salvação da alma, o que segundo a caridade deve desejar-se para todos. É por isso que os hereges que se convertem, tantas vezes quantas tiverem caído, são recebidos pela Igreja para penitência, pela qual se lhes faz possível retornar à via da salvação.[11] – Há, ademais, o bem temporal, e quanto a este não se é obrigado, segundo a caridade, a querê-lo para os hereges senão enquanto se ordene de qualquer modo não só à salvação destes, mas à de outros, ou seja, quando se trata de bem comum. Por isso, quanto ao bem temporal dos hereges que se convertem, a Igreja sempre tomou medidas variadas, mais ou menos duras, isto é, segundo a gravidade de sua heresia e segundo o número de reincidências nela.[12]

No livro que ora entregamos ao leitor, encontra-se o essencial do combate de São Bernardo de Claraval (1090-1153), abade francês e reformador da Ordem Cisterciense, às heresias de Pedro Abelardo (1079-1142), retórico e lógico que, na querela dos universais do século XII, adotou uma postura essencialmente nominalista.[13] Tem-se aqui uma sumária demonstração, por parte de Bernardo, das

---

[10] Na Epístola a Tito 3, 10. Cf. também Santo Tomás de Aquino, *Suma Teológica*, II-II, q. 11, a. 4; São Jerônimo, *In Gal.*, I, III, super 5, 9 (ML 26, 403 B); e Graciano, *Decretum*, P. II, causa 24, q. 3, can. 16.

[11] Cf. Santo Tomás de Aquino, *Suma Teológica*, II-II, q. 11, a. 4, c.

[12] Cf. Santo Tomás de Aquino, idem; Eclesiastes 8, 11; *Liber Decretal. Gregor IX*, l. 5, tit. 7, c. 9: *Ad Abolendam*; São Jerônimo, *Glossa Ordin. super Matth.*, 18, 15 (ML 114, 146 D).

[13] Em face das diferenças entre Platão e Aristóteles quanto ao entendimento do universal, o neoplatônico Porfírio (232-304), em sua *Isagoge*, e Boécio (480-524), seu tradutor, como que legaram à Escolástica medieval a chamada "querela dos universais". Mas legar não quer dizer dar nascimento, e, com efeito, tal querela resulta do arduíssimo problema fundamental da ciência: o caráter mesmo dos universais. Para Roscelino de Compiègne (1050-1125), mestre de Abelardo e, ao que parece, precursor do nominalismo, o universal é mero nome, *flatus vocis*. Guilherme de Champeaux (1070-1121), por seu lado, defende de início

Apresentação

principais heresias de Abelardo, muito especialmente a do *monarquianismo* ou *patripassianismo*, doutrina que rejeitava a Santíssima Trindade porque a unici-

---

que o universal tem realidade substancial e se encontra nos indivíduos, os quais se multiplicariam e difeririam entre si pelos acidentes; mas, criticado quanto a vários pontos por Abelardo, Champeaux muda sua primeira doutrina para o que ficou conhecido como *teoria da indiferença*: o universal seria algo indiferentemente idêntico nos indivíduos, mas não em razão da essência, ou seja, as coisas seriam singulares naquilo em que se distinguem, e universais naquilo em que não se distinguem. Joscelin de Soissons (?-1152), aluno de Champeaux, cria em seu tratado *De Generibus et Speciebus* a chamada *doutrina da reunião*, segundo a qual o universal é o conjunto de coisas singulares, e a espécie um conjunto de indivíduos da mesma natureza. Mas o mesmo Abelardo retorna de algum modo a Jean Roscelin e sustenta que o universal não é algo na realidade, mas uma categoria lógico-gramatical de palavras que podem predicar-se de vários sujeitos. Tal predicação, contudo, insista-se, seria possível não em razão da realidade dos universais — pois que para ele só os singulares existem —, mas tão somente em razão do *sermo*, a palavra com significado sobre o qual se funda a predicação: é a solução chamada *verbalista*, essencialmente nominalista. Depois da morte de Santo Tomás, Duns Scot (1265-1308), que, diga-se, carecia do recurso à analogia, concebe o universal como natureza comum indeterminada: algo é individual graças a uma série de formalidades (*haecceitas*) superpostas, ao modo de estratos metafísicos (substância, corpo vivente, animal racional, etc.) presentes em cada ente: trata-se da negação da unidade da forma substancial, uma das mais importantes conquistas do aristotelismo. Guilherme de Ockham (1285-1347), perguntando-se se entre Deus e as criaturas há alguma realidade universalmente predicável, acaba por concluir que o universal é mera ficção, um nome com certo significado, com o que retorna de algum modo não só a Roscelino de Compiègne, mas ao mesmo Abelardo. Mas o problema já encontrara solução perfeita em Santo Tomás de Aquino (1225-1274): trata-se do realismo, alcançado pelo Doutor Comum graças antes de tudo à sua distinção entre essência e *esse*. Mas o realismo tomista é conhecido, entre grande parte dos mesmos tomistas, como "realismo mitigado", o que, como o mostra o Padre Álvaro Calderón (em *Umbrales de la Filosofía Cuatro Introducciones Tomistas*. Mendoza, edição do autor, 2012, p. 109, nota 2), é equivocado: "Chegou a ser 'doutrina comum' entre os melhores historiadores da filosofia o apresentar a solução verdadeira (aristotélico-tomista) da recorrente controvérsia dos universais como uma solução média entre os dois extremos: 'realista' e 'nominalista'. Como todavia a posição tomista é também realista, distinguem-na como realismo mitigado do realismo exagerado [o, por exemplo, de um Santo Anselmo, o qual implica de algum modo um retorno ao platonismo]. Thonnard, por exemplo (que nos parece um excelente autor), distingue quatro soluções: *realismo*, *nominalismo*, *conceptualismo* e, a verdadeira, '*conceptualismo moderado* ou *realismo mitigado*' [...], sublinhando assim com mais força seu caráter de posição média. No entanto, tal apresentação do problema cada vez mais nos parece equivocada. A posição tomista não é intermédia, mas realista. Mas com realismo devidamente justificado. É necessário defender o *evidente* realismo das essências universais, objeto da inteligência e sujeito das ciências. Não basta dizer que as essências são universais em Deus, individuais nas coisas e novamente universais na inteligência por abstração. Há algo uno e comum também nas coisas, pois a natureza específica das galinhas é, por exemplo, causa eficiente e final da multidão que habita os galinheiros: o galo não gera segundo sua natureza individual, mas segundo sua natureza específica. Entre Santo Anselmo e Abelardo, o que estava no caminho da ciência e da verdade era Santo Anselmo, assim como Aristóteles não era um termo médio entre os sofistas e Platão: era Platão corrigido. Cada vez mais suspeitamos que apresentar o tomismo como uma posição média não é senão um passo atrás diante do avanço do nominalismo moderno". Em outras palavras, Santo Tomás é Santo Anselmo corrigido.

dade de Deus impediria a trindade de pessoas. Suas heresias, no entanto, têm um fundo metafísico-teológico, concernente às relações entre a fé e a razão,[14] e temos de mostrá-lo, ainda que brevemente, antes de prosseguir.[15]

E, com efeito, há três posturas possíveis com respeito às relação entre a fé e a razão.

• OPOSIÇÃO INCONCILIÁVEL ENTRE ELAS. Defendem-na:

→ do lado católico, os fideístas (condenados pelo magistério da Igreja), para os quais todo e qualquer saber racional é ou impossível ou pelo menos perigoso para a fé;

→ do lado não católico, os racionalistas sistemáticos, para os quais a fé representa um perigo para o saber racional;

→ entre essas duas correntes, a medieval e pré-renascentista de Siger de Brabante (1240-1280) e em especial de João de Janduno († 1328) e de Marsílio de Pádua (1270-1343), que propugnavam a existência de uma *dupla verdade*, princípio segundo o qual pode haver algo demonstrável pela razão mas rejeitável pela fé.

• HARMONIA ENTRE ELAS:

→ harmonia fundada na *separação* entre as duas: como a fé e a razão não teriam nada que ver entre si, por isso mesmo tampouco poderiam contradizer-se mutuamente; é a posição que foi amadurecendo desde Guilherme de Ockham até o modernismo (condenado pelo magistério da Igreja e ele próprio essencialmente racionalista), passando por Kant, pelo protestantismo em geral, etc.;

→ harmonia fundada em certa *confusão* entre as duas: como a fé e a razão se harmonizam entre si, aquilo em que se crê e em que se tem de crer também poderia demonstrar-se (ao menos em resposta à questão *an sit* [se é ou existe]); em razão de tal posição, esta corrente tende essencialmente a admitir uma transformação da

---

[14] Parecem ser a mesma a distinção entre fé e razão e a distinção entre Filosofia e Teologia Sagrada, ou seja, parecem identificar-se, por um lado, razão e Filosofia e, por outro, fé e Teologia Sagrada – e, de fato, em tal identificação incorrem não poucos importantes tomistas. Se, porém, se dá tal identificação, a Filosofia e a Teologia Sagrada deixam de ser hábitos científicos. Mas isto, por absurdo, não se segue, razão por que é necessário estabelecer que a relação entre a Filosofia e a Teologia não é a mesma que a que se dá entre a fé e a razão, ainda que as duas relações também estejam estreitamente relacionadas entre si. E não são as mesmas, antecipe-se, até porque, quando se dá, a ordenação da razão à fé é *essencial*, ao passo que, quando se dá, a ordenação da Filosofia à Teologia é *acidental*. Fique para outro lugar o aprofundamento deste assunto.

[15] Para um quadro histórico mais amplo da questão, cf., com ressalvas, DR. P. G. M. MANSER, O. P., *La Esencia del Tomismo*, trad. (da 2.ª ed. alemã) de Valentín García Yebra, Madri, Consejo Superior de Investigaciones Científicas/Instituto "Luis Vives" de Filosofía, p. 121-50.

fé em saber natural; é precisamente a corrente iniciada pelo teólogo judeu Fílon de Alexandria (10 a.C.-50) e continuada, de modo diverso:

√ por alguns padres da Igreja;

√ pelo neoplatonismo;

√ pelos dois principais filósofos árabes, Avicena (980-1037) e Averróis (1126-1198);

√ pela impressionante sucessão de teólogos cristãos que atravessa a própria escolástica, dominando-lhe os quatro primeiros séculos: São Pascásio Radberto († c. 860); Escoto Erígena († 877); Berengar de Tours (999-1088); em certa medida o próprio Santo Anselmo (1033-1109); Pedro Abelardo (1079-1142); Hugo de São Vítor (1096-1141) e Ricardo de São Vítor († 1173); Gilberto Porretano († 1154); Thierry de Chartres († 1155); João de Salisbury († 1180); Alano de Insulis († c. 1023); Henrique de Gante († 1293); Roger Bacon († 1294); Raimundo Lúlio († 1315);[16]

√ por teólogos da escolástica tardia, como o Cardeal Nicolau de Cusa (1401-1464).[17]

→ Harmonia fundada na *distinção* entre as duas: é a posição de Santo Tomás de Aquino. Vejamo-la de mais perto.

"Tomás", como escreve Manser, "é e será sempre, digamo-lo resolutamente, o *fundador científico da harmonia com base na distinção clara entre fé e saber* [melhor se diria 'razão'], da solução que é a única que não leva ao racionalismo, por um lado, nem a um cego fideísmo, por outro".[18] Lutou o Angélico toda a vida tanto contra os defensores da oposição inconciliável entre a fé e a razão como contra os partidários da harmonia entre as duas com base em sua separação ou em sua confusão.

---

[16] Não aderiram a esta corrente, por uma sorte de sadia precaução ou por efetivo pressentimento do perigo que representava, Anselmo de Laon († 1117), o já referido Guilherme de Champeaux (1070-1121), Pedro Lombardo († c. 1164) e Guilherme de Auxerre († 1234), entre outros. Opôs-se firmemente a ela São Bernardo de Claraval (1090-1153), não sem exageros opostos, mas de modo efetivamente benéfico e profícuo (justamente como em sua vitoriosa luta contra as teses de Pedro Abelardo). – Devem apontar-se ainda em São Bernardo, no campo filosófico, certas limitações. Ver-se-á neste livro um exemplo disso: o recorrer ao exemplo da geração espontânea do verme na madeira, ou das traças nas roupas, para refutar a Abelardo. Em verdade, São Bernardo cometia aqui um erro universalmente compartilhado até as descobertas de Louis Pasteur, no século XIX. O problema aqui é antes que o nosso Santo recorre a uma analogia de todo inválida.

[17] A confusão entre fé e razão pode dar-se com respeito à origem de ambas, e/ou com respeito ao conceito de ambas, e/ou com respeito à esfera de ambas.

[18] Dr. P. G. M. Manser, O. P., op. cit., p. 134.

◊ Contra os defensores da oposição inconciliável, afirmava: "Quod veritati fidei Christianae non contrariatur veritas rationis" (A verdade racional não contraria a verdade da fé cristã).[19] Tanto a razão como a fé nos foram dadas por seu autor, Deus, motivo por que não podem contradizer-se e são ambas fontes fidedignas da verdade. Sucede apenas que da parte de Deus são uma só e mesma coisa, enquanto de nossa parte são duas, segundo nossa mesma maneira de conhecê-la.[20]

◊ Contra os partidários da harmonia com base na separação, sustentava que o fundamento último do saber racional e da fé é o mesmo: a Verdade subsistente. A fé não é um sentimentalismo. Como escreve ainda Manser, "tudo aquilo em que cremos [...] é verdade; a verdade eterna e primeira é aquilo pelo qual cremos [...]: 'non enim fides [de qua loquimor] assentit alicui nisi quia est a Deo revelatum' [a fé de que falamos não dá seu assentimento a algo senão por ser revelado por Deus (*Suma Teológica*, II-II, q. 1, a. 1, c.)]".[21] E foi em decorrência deste entendimento que o Angélico pôde definir de modo irretocável: "credere est *actus intellectus assentientis veritati divinae ex imperio voluntatis a Deo motae per gratiam*" (crer *é um ato do intelecto que assente a uma verdade divina por império da vontade movida por Deus mediante a graça*).[22]

◊ E aos propugnadores da harmonia com base na confusão ou na identidade opunha Santo Tomás sua própria solução global: *harmonia com base na distinção entre fé e razão*.

Pois bem, como dito, o nosso Pedro Abelardo estava entre os que sustentavam a harmonia entre a fé e a razão fundando-se em certa *confusão* entre as duas. Tal confusão pode derivar da opinião segundo a qual "é preciso crer para inteligir" ou da opinião segundo a qual "é preciso inteligir para crer", opiniões que tendem a confundir-se; e em ambos os casos temos o que disse o Padre M. Teixeira-Leite Penido:[23] "é como se Moisés regentasse a física, e Platão a Escritura"; e o efeito disso é transformar a Filosofia numa "serva à qual não assiste o direito de trabalhar para si; uma escrava que, como a do Salmo, não pode levantar

---

[19] Santo Tomas de Aquino, *Suma contra os Gentios*, I, 7.
[20] "Quod veritari fidei christianae non contrariatur veritas rationis" (Santo Tomás de Aquino, *Suma contra os Gentios*, I, 7). Cf. também ibidem, 9: "Dico autem duplicem veritatem divinorum non ex parte Dei ipsius qui est una e simplex Veritas, sed ex parte cognitionis nostrae, quase ad divina cognoscenda diversimode se habet".
[21] Dr. P. G. M. Manser, O.P., op. cit., p. 135-36.
[22] Santo Tomás de Aquino, *Suma Teológica*, II-II, q. 2, a. 9, c.
[23] Em *A Função da Analogia em Teologia Dogmática*, Petrópolis, Editora Vozes, 1946, p. 205-07.

os olhos das mãos de sua senhora: '*sicut oculi ancillae in manibus dominae suae*'. Para [a consolarem], dizem-lhe que é rainha, e julga tudo o que há no homem, mas apressam-se em acrescentar que esta realeza consiste em compreender a fé: *quod credimus intelligere*".²⁴ O que porém verdadeiramente nos importa é que tanto o "é preciso crer para inteligir" como o "é preciso inteligir para crer", conquanto nem sempre desaguem em heresia, abrem espaço para tal: e foi justamente isto o que se deu com Abelardo, em especial com respeito ao monarquianismo, como se poderá constatar com alguma facilidade com a leitura das palavras de São Bernardo traduzidas para este livro e sempre essencialmente justas quanto a seu sujeito.²⁵

O embate entre São Bernardo e Pedro Abelardo (1138-1142)²⁶

Podemos fazer remontar a história deste embate ao já citado Guilherme de Champeaux, monge beneditino de Reims e abade de Saint-Thierry, o qual segundo São Bernardo foi "um homem sábio".²⁷ Guilherme fora amigo de juventude de

---

²⁴ Evitada todavia tal confusão, permanece que "a ciência sagrada", como diz Santo Tomás, "pode tomar emprestada [sim] alguma coisa às ciências filosóficas. Não [porém porque tal] lhe seja necessário, mas para melhor manifestar o que ela própria ensina. Seus princípios não lhe vêm de nenhuma outra ciência, mas imediatamente de Deus, por revelação. Por conseguinte, ela não toma empréstimos das outras ciências como se estas lhe fossem superiores, senão que se vale delas como de inferiores e servas, assim como as ciências arquitetônicas se valem das que lhe são auxiliares; ou a política, da arte militar. Que a ciência sagrada se valha das outras ciências não se dá por falha ou deficiência sua, mas por falha de nosso intelecto: a partir do que se adquire pela razão natural (donde procedem as demais ciências), nosso intelecto é mais facilmente conduzido ao que está acima da razão, e que é tratado nesta ciência [a Sagrada Teologia]" (*Suma Teológica*, I, q. 1, a. 6, ad 2).
²⁵ Para maior aprofundamento, *vide* Dr. P. G. M. Manser, O.P., op. cit., cap. 1 ("La doctrina del acto y la potencia como base de la concepción tomista de la fe y el saber")
²⁶ O excepcional trabalho de pesquisa do medievalista Ricardo da Costa, professor da Universidade Federal do Espírito Santo (UFES), serviu-nos de fonte principal para esta parte eminentemente histórica de nossa Apresentação. O seu texto intitulado "Há algo mais contra a razão que tentar transcender a razão só com as forças da razão?: a disputa entre São Bernardo de Claraval e Pedro Abelardo", de que nos valemos em algumas de suas muitas informações preciosas, pode ser consultado no seguinte *link*: http://www.ricardocosta.com/artigo/ha-algo-mais-contra-razao-que-tentar-transcender-razao-so-com-forcas-da-razao-disputa-entre
²⁷ Carta 79, 1, in *Obras Completas de San Bernardo – VII*, Madri, Biblioteca de Autores Cristianos (BAC), MCMXC, p. 305.

Inundam-me as lágrimas porque me abatem as desgraças: às vítimas do degelo, sobreveio a neve.[37] Quem suportará tal frio congelador,[38] esse frio que congela a caridade para que campeie a iniquidade?[39] Livramo-nos de um leão, mas caímos nas fauces de um dragão, talvez mais insidioso, oculto em sua cova, que o outro, que ruge nas montanhas,[40] ainda que já não esteja na cova: quem dera que seus papéis empoeirados estivessem guardados nas bibliotecas e não fossem lidos nas aulas. Seus livros voam, e os que odeiam a luz, porque são maus, arremeteram contra a luz, convertendo-a em trevas.

Tudo teria podido ser resolvido prudente e discretamente, mas Abelardo agravou a situação, como escreve Dom Bernardo:[41]

> [Ele] propagou a todos os ventos que se enfrentaria comigo em Sens no dia marcado. Chegou ao ouvido de todos, e foi-me impossível ignorá-lo. Num primeiro momento, tergiversei, porque não me movo por rumores populares; mas acabei por ceder aos rogos dos amigos, ainda que com muito esforço e com lágrimas.

Dom Bernardo pôde observar que tudo se estava organizando como uma espécie de torneio ou justa (uma festa bárbara e desde sempre condenada pela Igreja), e que, por sua ausência, o erro e o poder do adversário se consolidariam. Abelardo, de seu lado, seguia louvando mais as novidades dos filósofos do que a fé e a doutrina dos Padres da Igreja, e, "como todos fogem dele, desafiou-me a mim, o mais insignificante de todos, a um certame pessoal".[42]

O abade recebeu então uma epístola decisiva de Guilherme de Saint-Thierry,[43] na qual o instava de modo incisivo a que comparecesse ao concílio:

> Interpelar-vos me constrange. Vosso dever é falar e não guardar silêncio diante de uma questão grave e que interessa ao bem comum dos fiéis [...]. Não se trata de bagatela. É a

---

[37] "Meus irmãos atraiçoaram-me como uma torrente, como canais de um rio que transborda, tornando-se turvo pelo degelo e arrastando consigo a neve" (Jó 6,16).
[38] "Atira seu gelo como pedaços de pão; ante seu frio, congelam as águas" (Sl 147,17).
[39] "E pelo crescimento da iniquidade, o amor de muitos esfriará" (Mt 24,12).
[40] "Ele ruge contra tua pastagem" (Jr 25,30).
[41] Carta 189, 4, in op. cit., p. 629.
[42] Carta 189, 3, in op. cit., p. 629.
[43] Citada em ORLANDO SILVA, *O Drama Heloísa-Abelardo*, São Paulo, Edições Loyola, 1989, p. 150.

fé na graça de Deus e no sacramento de nossa redenção o que está em causa. Em verdade, Pedro Abelardo põe-se a ensinar e a escrever novidades. Seus livros ultrapassam os mares, vão para lá dos Alpes, voam de província em província, de reino em reino. Por toda parte são louvados com entusiasmo e defendidos impunemente.

Diz-se mesmo que gozam de simpatia junto à cúria romana [...]. Eu vos digo: vosso silêncio é perigoso [...]. Eu também amei a Pedro Abelardo. E, Deus é testemunha, gostaria de continuar a amá-lo. Mas, no presente caso, não posso levar em conta o próximo nem o amigo. É demasiado tarde para remediar o mal com conselhos ou admoestações privadas. O erro é público [...]. É uma condenação pública e solene o que se impõe.

Foram tantas as instâncias, que Dom Bernardo decidiu comparecer ao concílio, mas "totalmente desarmado e sem argumentos, apoiado unicamente na fé".[44] Além dos bispos e dos abades, compareceram muitos religiosos, professores de escolas, clérigos diversos, e nobres, como o conde Thibaut de Champagne e Guilherme II, conde de Nevers, além do mesmo rei de França, Luís VII, o Jovem, com todo o seu séquito. O arcebispo tornara possíveis o sonho e a ambição de Abelardo: Sens fez-se então o próprio centro da Cristandade. Ademais, possivelmente Abelardo supunha que o abade cisterciense não comparecia, de maneira que seria total seu triunfo.

Por isso, quando deparou ali com Dom Bernardo, Abelardo há de ter-se sentido desconcertado. Na abertura do concílio Abelardo foi posto num lugar distinto; após isso, teve início a leitura pública de capítulos de obras suas. Mas Bernardo inquiriu-o decididamente, o que fez Abelardo levantar-se abruptamente: já não queria ouvir mais nada e, contradizendo sua postura anterior, afirmou diante de todos que não aceitaria por juiz senão ao Papa e retirou-se do concílio.

Dom Bernardo julgava e disse que tal apelação era ilícita.[45] Em carta ao Papa Inocêncio, o arcebispo de Reims[46] faz uma descrição detalhada do ocorrido:

O abade de Claraval, armado do zelo da fé e da justiça, rebateu tudo [as teses de Abelardo] diante dos bispos. Ele, em contrapartida, não confessou nem negou nada: deixou o lugar que ele mesmo escolhera, sem ter recebido nenhuma injúria ou incomodidade, e apelou para a Sé apostólica, a fim de prolongar sua iniquidade.

---

[44] Carta 189, 4, in op. cit., p. 631.
[45] Carta 189, 4, in op. cit., p. 631.
[46] Carta 191, 2, in op. cit., p. 635.

Os bispos, reunidos expressamente para isso e com plena deferência a Vossa Reverência, não atentaram em nada contra sua pessoa, [e] só decidiram que certas passagens de seus livros, condenadas [antecipadamente] pelos Santos Padres, necessitavam de correção medicinal, para que a epidemia não se propagasse. E, como esse homem arrasta multidões e conta com um povo que confia nele, é necessário que rapidamente remedieis tal contágio.

Godofredo de Auxerre (†c. 1190), amigo e secretário de Dom Bernardo, mas igualmente ex-aluno e discípulo de Abelardo, assistiu ao Concílio e também escreveu uma versão do sucedido,[47] não muito diferente da que se lê na carta do arcebispo de Reims:

Grande multidão reúne-se na catedral. O servidor de Deus apresenta os escritos do Mestre Pedro e denuncia suas proposições erradas. A este se facultou tanto negar que [tais proposições] se encontrassem em seus livros como corrigi-las com espírito de humildade ou, enfim, se pudesse fazê-lo, refutar as objeções formuladas contra elas. O Mestre Pedro, todavia, recusa-se a fazê-lo. Sem meios para combater eficazmente a inteligência e a sabedoria de seu opositor, apela, para ganhar tempo, à Sé Apostólica.

Bernardo, esse admirável defensor da fé católica, pressiona Abelardo para que responda, com liberdade e sem receio. Diz-lhe, mais, que não lhe será aplicada nenhuma sentença. Ainda assim, Abelardo recusa-se obstinadamente a tomar a palavra. Depois, como o atestam seus próprios companheiros, confessa que naquele momento sua memória ficara quase inteiramente perturbada, sua razão se obscurecera, e seu sentido interior se evaporara. Apesar disso, o concílio deixou que esse homem se fosse. Absteve-se de tocar sua pessoa, mas condenou seus dogmas perversos.

Em sentido contrário, Béranger de Poitiers, zeloso discípulo de Abelardo, escreveu o seguinte:[48]

Finalmente, depois do almoço, um dos assistentes começa a ler, em voz alta e sonora, o livro de Pedro. Animado de um ódio secreto contra Abelardo, e todo encharcado do suco

---

[47] Citado em ORLANDO SILVA, op. cit., p. 150.
[48] Citado em ORLANDO SILVA, op. cit., p. 151-52. O texto integral está disponível na Internet: http://www.thelatinlibrary.com/berengar.html. – Citamos largamente a descrição de Béranger de Poitiers a modo de justiça; mas, como se verá, trata-se de uma indignada peça retórica que não entra no mérito mesmo da questão, antes difama, por um lado, e idolatra, por outro.

da videira – não do suco daquele que disse "Eu sou a verdadeira videira", mas do suco que embriagou o patriarca –, esse leitor levanta por demais a voz. Momentos depois, os prelados se mexem, batem os pés, riem, escarnecem – o que permitia facilmente ver que estavam homenageando não a Cristo, mas a Baco. A seguir, brindam-se, glorificam o vinho, celebram a bebedeira e arrotam [...].

Enfim, se alguma passagem sutil, divina [!] e inesperada é lida, os prelados depressa se assustam, rangem os dentes contra Pedro e o olham disfarçadamente. E gritam: "Deixaremos viver esse monstro?" E, sacudindo a cabeça como os judeus, acrescentam: "Eis aquele que destrói o templo de Deus".

Assim, cegos, julgam palavras de luz [!]. Ébrios, condenam um homem sóbrio [...]. Cães, devoram um santo [!]. Porcos, comem pérolas [...]. O vinho sobe à cabeça dos prelados, e a letargia do sono toma conta de seus olhos. Enquanto o leitor berra, os ouvintes roncam. Um se apoia no cotovelo, para poder mais facilmente fechar os olhos. Outro se estende preguiçosamente sobre a almofada para melhor cerrar suas pálpebras fatigadas [...]

Se o leitor dá com uma passagem espinhosa, grita para os surdos prelados: *Damnatis?* – Condenais? Alguns, que acordam apenas com a última sílaba, respondem, abanando a cabeça e com voz sonolenta: *Damnamus* – Condenamos. Outros, atordoados com o barulho da condenação, murmuram, omitindo a primeira sílaba: *Namus* – Nadamos. Sim, nadais, nadais na tormenta da embriaguez e vos afogais no vinho.

Pois bem, com Abelardo ausente, o Concílio examinou em sessão plenária os referidos capítulos de suas obras, e decidiu que 19 de seus artigos (e não treze, como pensara Guilherme de Saint-Thierry) eram contrários à fé e à verdade. São os seguintes.

1) O Pai é potência plena, o Filho certa potência, e o Espírito Santo nenhuma potência.

2) O Espírito Santo não é da mesma substância que o Filho e que o Pai.

3) O Espírito Santo é a alma do mundo.

4) Cristo não assumiu a carne para livrar-nos do jugo do diabo.

5) Nem Deus nem o Homem, nem a pessoa que é Cristo, são a terceira pessoa na Trindade.

6) O livre-arbítrio basta por si para algum bem.

7) Deus só pode fazer ou omitir o que faz ou omite, e só no modo ou no tempo em que o faz, não em outro.

8) Deus não deve nem pode impedir os males.

9) Não contraímos a culpa de Adão, somente a pena.

10) Não pecaram os que crucificaram a Cristo por ignorância; a tudo quanto se faz por ignorância não se deve atribuir culpa.

11) Não houve em Cristo o espírito de temor a Deus.

12) O poder de atar e desatar foi dado somente aos apóstolos, não a seus sucessores.

13) O homem não é melhor nem pior por suas obras.

14) Ao Pai, que não vem de outro, pertence propriamente ou especialmente não só a operação, mas não também a sabedoria e a benignidade.

15) O temor casto está excluído da vida futura.

16) O diabo impõe sua sugestão por operação nas pedras e nas ervas.

17) O advento no fim do mundo pode ser atribuído ao Pai.

18) A alma de Cristo não desceu por si mesma aos infernos, mas só por potência.

19) Nem a obra, nem a vontade, nem a concupiscência, nem o prazer que a move são pecado, nem devemos querer que se extingam.[49]

Pois bem, mostremo-lo brevemente, uma simples aferição de uma das obras de Aberlado citadas nas cartas de São Bernardo, ou seja, a *Ética ou Conhece-te a Ti Mesmo* (*Etica seu liber Scito Te Ipsum*, de 1136),[50] deixa ver que seu autor efetivamente dissera o que se lê entre os artigos condenados no Concílio de Sens – E DEPOIS NEGOU O QUE DISSERA. No capítulo 26 da obra (item 12 dos artigos condenados), com efeito, escreve Abelardo que

> Assim, parece que, quando o Senhor disse aos Apóstolos: "A quem perdoeis os pecados, fiquem perdoados", isso se referiu à pessoa dos Apóstolos, não aos bispos em geral. Da mesma maneira, o que se disse em outro lugar: "Vós sois a luz do mundo", e "Vós sois o sal da terra" – bem como muitas outras coisas –, devem atribuir-se à pessoa dos Apóstolos. Porque tal sabedoria e santidade dada pelo Senhor aos Apóstolos não foram dadas igualmente a seus sucessores.[51]

---

[49] Em DENZINGER, *El Magisterio de la Iglesia*, Barcelona, Editorial Herder, 1963, p. 114-115.
[50] PEDRO ABELARDO, *Ética o Conócete a Ti Mismo* (estudio preliminar, traducción y notas de Pedro R. SANTIDRIÁ), Madrid, Editorial Tecnos, 2002.
[51] Ibidem, p. 103.

Não obstante, na *Confessio fidei universis* Abelardo escreve EXATAMENTE O CONTRÁRIO:

> Mas, assim como quero corrigir meus ditos mal-expressos, se é que alguns existem, da mesma forma convém-me repelir os crimes que indevidamente me imputam. Visto que, com efeito, diz o bem-aventurado Agostinho: *é cruel aquele que descura de sua fama*,[52] e conforme Túlio: *o silêncio imita a confissão*,[53] achei justo responder aos capítulos que foram escritos contra mim...
>
> [...]
>
> XII. Confesso que se concedeu a todos os sucessores dos apóstolos, do mesmo modo que aos mesmos apóstolos, o poder de atar e de desatar, bem como aos bispos tanto indignos como dignos, enquanto a Igreja os receber.[54]

Voltemos porém ao relato dos fatos. Depois de retirar-se do concílio, Abelardo dirigiu-se a Roma para entrevistar-se com o Papa e pedir sua decisão final. Nesse ínterim, São Bernardo escreveu a Guido de Castelo,[55] discípulo de Abelardo (e futuro Papa Celestino II [1143-1144]), para aconselhá-lo a amar a Abelardo, mas não a seus erros, porque sua boca está cheia de maldições, de amargura e de fraude. Ao cardeal Ivo, ademais,[56] Bernardo declarou que Abelardo era um monge sem regra e um prelado sem solicitude, um homem dissimulado e ambíguo: por fora, um João, por dentro, outro Herodes. Ao Papa Inocêncio II, escreveu Bernardo uma carta[57] para deixá-lo a par dos últimos acontecimentos e para pedir-lhe que combatesse a nova heresia, porque "o melhor lugar para remediar os estragos à fé é aquele onde a fé nunca vacilará [...]. Por isso, temos o direito de esperar do sucessor de Pedro o que disse o mesmo Senhor: *quando te converteres, confirma teus irmãos*". Em outra epístola ainda,[58] o abade cisterciense chamou a atenção do mesmo Papa para o fato de que, como um lírio entre espinhos, a Igreja de Deus

---

[52] SANTO AGOSTINHO, *Sermo* 355, 1.
[53] CÍCERO, *De Invenctione Rhetorica* I, 54.
[54] In CARLOS EDUARDO DOS SANTOS DIAS, "Pedro Abelardo – *Confessio fidei universis*", in *Veritas*, op. cit., p. 176, e ainda em PEDRO ABELARDO, *Ética o Conócete a ti mismo*, op. cit., p. 120.
[55] Carta 192, in op. cit., p. 637.
[56] Carta 193, in op. cit., p. 639.
[57] Carta 190, Prólogo, 4, in op. cit., p. 529.
[58] Carta 330, in op. cit., p. 978.

Assim foi feito. Ele foi até lá, e, ao voltar, relatou-nos que, graças ao abade de Citeaux, renunciara a seus protestos passados, e fizera as pazes com o abade de Claraval. Nesse ínterim, por conselho nosso, mas, sobretudo, cremo-lo, por alguma inspiração divina, decidira renunciar ao tumulto das escolas e dos estudos para fixar para sempre sua morada em vossa Cluny. Tal decisão nos pareceu conveniente à sua velhice, à sua fraqueza, à sua profissão religiosa, e, considerando que sua ciência, que não vos é totalmente desconhecida, poderia ser útil à multidão de nossos irmãos, anuímos a seu desejo [...].

Suplico-vos, portanto, eu, que, quem quer que eu seja, estou pelo menos à vossa disposição, este convento de Cluny, que vos é inteiramente devotado, vos suplica, e o próprio Pedro suplica-vos, por ele, por nós, pelos portadores dos presentes que são vossos filhos, por esta carta que ele nos pediu que vos escrevêssemos, que vos digneis a ordenar que ele termine os últimos dias de sua vida e de sua velhice, os quais talvez já não sejam numerosos, em vossa casa de Cluny, e que da morada em que esse pardal errante está tão feliz de ter encontrado um ninho nenhuma instância possa expulsá-lo nem fazer sair. Pela honra de que revestis todos os bons, e pelo amor com que o amastes, concedei que vossa proteção apostólica o cubra com seu escudo!

Abelardo não saiu mais de Cluny. O próprio Pedro, o Venerável, ao escrever a Heloísa,[69] antiga amante de Abelardo e agora freira, para informá-la da morte do mestre, contou assim como foram seus últimos dias:

Não me lembro de ter visto ninguém que tenha tido e demonstrado tal humildade [...]. Lia continuamente, orava com frequência, não quebrava o silêncio senão para conversar familiarmente com os irmãos ou quando tinha de falar publicamente das coisas divinas na assembleia. Frequentava quanto podia os santos sacramentos, oferecendo a Deus o sacrifício do Cordeiro imortal [...]. Pelo espírito, pela boca, pelo trabalho, não cessava de meditar, de ensinar, de professar tanto sobre as coisas de Deus como sobre assuntos filosóficos e outros domínios do saber [...].

Foi assim que o Mestre Pedro consumiu seus derradeiros dias, na doçura e na humildade, como discípulo daquele que disse: "Aprendei de mim que sou manso e humilde de

---

[69] Citado em JACQUES VERGER, "Abelardo. Escolas no Claustro", in JACQUES BERLIOZ (apres.), *Monges e Religiosos na Idade Média*, Lisboa, Terramar, 1994, p. 72.

coração", ele, que tinha sido conhecido quase no mundo inteiro, célebre em todas as partes, como um mestre de uma ciência singular.

Pedro Abelardo, finalmente em paz consigo mesmo, faleceu no mosteiro de Cluny por volta de 1142. E como não ver que tal paz foi resultado não só da misericórdia da Igreja, mas antes da dureza com que ela, graças a São Bernardo de Claraval, tratou suas heresias e a ele como defensor delas?

Dom Bernardo sobreviveria a Abelardo ainda onze anos.

Nota prévia do tradutor

As três partes de que se compõe este livro foram traduzidas de *S. Bernardi Claraevallensis Opera Omnia*, in Migne, Patrologia Latina, 182-185.

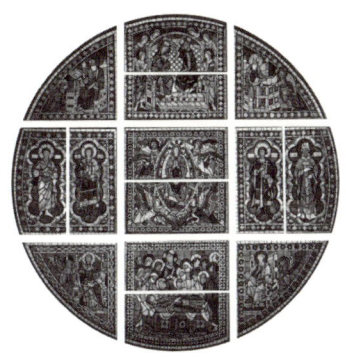

AS HERESIAS
DE
PEDRO ABELARDO

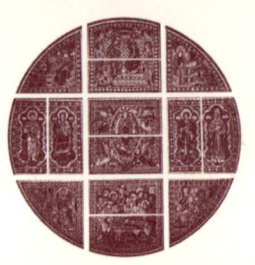

Admonitio in Opusculum XI

1. *Epistolam sequentem, quae inter Bernardinas ordine centesima nonagesima est, Horstius in classem tractatuum ob epistolae prolixitatem ac materiae dignitatem rejecit. Scripta fuit occasione damnatorum Abaelardi errorum in synodo Senonensi, quam anno 1140 frequenti Gallicanorum episcoporum consessu, praesente rege Ludovico Juniore, celebratam diximus in notis ad epistolam centesimam octogesimam septimam. In Synodica epistola, quae inter Bernardinas est centesima nonagesima prima, et in alia quae modo est ordine trecentesima trigesima septima, Innocentio papae significant Patres, Abaelardi errores a se damnatos, intacto auctore, quod ad sedem apostolicam appellasset: atque errorum capitula «plenius contineri in litteris domini Senonensis:» Has litteras non alias esse credimus, quam subsequentem Bernardi epistolam, in qua ejusmodi capitula referuntur, strictimque refelluntur. Eadem sunt capitula, quae Gaufrido Carnotensi episcopo et Bernardo direxerat Guillelmus, ex Sancti-Theodorici abbate tunc monachus Igniacensis, uti apparet ex ejus litteris superius editis inter Bernardinas.*

2. *Capitula ista partim sibi falso imposita conquestus est, partim pro suis agnita correxit Abaelardus in Apologia sua, in qua Bernardum, tanquam unicum adversarium suum, ut delatorem malignum aut inconsideratum passim lacessit. Bernardi patrocinium adversus eas calumnias suscepere duo ipsius Abaelardi quondam familiares, qui ab ejus erroribus tandem resipuerant, Gaufridus, Bernardi postea notarius; et quidam abbas anonymus «Nigrorum monachorum.» Utrumque designaverat Chesnius in Notis ad Abaelardum: sed amborum opuscula modo typis edita sunt in tomo quarto Bibliothecae Cisterciensis: ubi eruditus editor Bertrandus*

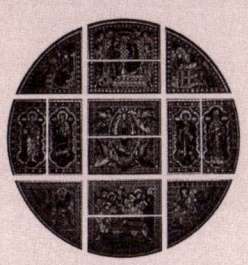

Advertência Sobre o Opúsculo XI

1. Horstius[1] inclui a carta seguinte, que é a de número cento e noventa na ordem das cartas de São Bernardo,[2] na classe dos tratados por causa da sua extensão e da importância da matéria. Foi escrita por ocasião da condenação dos erros de Abelardo no Concílio de Sens, no ano de 1140, ao qual compareceu numerosa assembleia de bispos de França, na presença do rei Luís, o Jovem, como dissemos nas notas para a carta de número cento e oitenta e sete. Na carta sinodal, que é a de número cento e noventa e um das de São Bernardo, e em outra mais, [como] a de número trezentos e trinta e sete, os Padres informam ao Papa Inocêncio que condenaram os erros de Abelardo, tendo poupado o autor, porque ele havia apelado à Sé Apostólica, e que as proposições dos erros "são tratadas mais amplamente na carta do senhor bispo de Sens". Essa carta cremos não ser outra senão a seguinte carta de São Bernardo, em que tais proposições são apresentadas e sumariamente refutadas. São as mesmas proposições que Guilherme, antigo abade de São Teodorico, na época monge de Igny, endereçara a Godofredo, bispo de Chartres, e a São Bernardo, como se vê por uma carta sua editada posteriormente entre as cartas bernardinas.

2. Algumas dessas proposições Abelardo se queixou de lhe terem sido imputadas injustamente; outras ele admitiu como próprias e as corrigiu em sua *Apologia*, onde a cada passo, como se fora o único adversário seu, procura hostilizar Bernardo como delator malicioso ou irrefletido. Contra essas calúnias tomam a defesa de São Bernardo dois homens outrora muito familiares de Abelardo, que tinham enfim renunciado aos erros dele: Gaufrido, que depois se tornou secretário de Bernardo, e um anônimo, certo abade "dos monges negros". Duchesne havia indicado a ambos, nas notas a Abelardo: mas suas obras só foram impressas recentemente, no tomo quarto da Biblioteca de Cluny, onde o erudito editor Bertrand Tissier observa que

Tisserius observat, abbatem istum anonymum alium esse a Guillelmo Sancti-Theoderici. Abbas porro erat in Francia, id est in metropoli Senonensi vel Remensi, teste Gaufrido, ut mox videbimus; tresque libros, adversus Abaelardum a se scriptos, Hugoni Rotomagensium archiepiscopo dedicavit. Eum «dominum suum vocat initio libri secundi, itemque clarissimam Rotomagensium lucernam: qui catholico pectore, inquit, de Deo tuo sentis, catholico ore loqueris, et catholica manu caeteris excellentius scribis.»

3. Ex capitulis errorum Abaelardo imputatis, quaedam in vulgatis ejus operibus desiderantur. Unde nonnulli occasionem arripiunt insimulandi Bernardum, quasi Abaelardo falsos errores affinxerit, et cum larvis atque umbris dimicaverit. At constat plerosque etiam in vulgatis scriptis errores deprehendi, ut suis locis ostendemus: et, si qua amplius non exstant, ea quondam in ipso Abaelardo legisse Guillelmum Sancti-Theoderici, Gaufridum, et abbatem illum anonymum Abaelardi quondam discipulum, qui et praeceptoris sui doctrinam callebat, et verba ipsa refert, uti et Guillelmus, tum ex Apologia, tum ex Theologia Abaelardi, quae in editis non comparent. Et certe Abaelardus ipse in libro secundo commentarii super Epistolam ad Romanos, pag. 554, quaedam in Theologia sua tractanda reservat, de quibus nulla mentio est in impressis, quae sic desinunt: «Caetera desunt:» ut appareat, Theologiam in editis mutilam esse.

4. Itaque male omnino merentur de religione christiana, nedum de Bernardo, qui ut Abaelardum absolvant, Bernardum caeco, ut aiunt, zelo impulsum fuisse criminantur. Saltem cum Abaelardo ipso et ejus defensore Berengario agnoscant tandem, eum in quibusdam errasse. Ita enim se, quamvis non satis ex animo, reum agnoscit in nonnullis Abaelardus in Apologia sua, ubi haec verba: «Scripsi forte aliqua per errorem, quae non oportuit: sed Deum testem et judicem in animam meam invoco, quia in his, de quibus accusor, nil per malitiam aut superbiam praesumpsi.» Esto itaque malitiam, atque etiam haeresim ab eo removere liceat: at errores saltem aliquos, vocum novarum studium, levitatem, forsan etiam superbiam et contentionum pruriginem in eo dissimulare non licet. Sed demum Innocentius rescripto ad episcopos misso hominem recludi jussit ejusque libros comburi, quos ipse Romae flammis tradi mandavit, testante Gaufrido. Verum tandem resipuit Petrus, atque ab appellatione destitit

esse abade anônimo não é Guilherme de São Teodorico. Ora, aquele era abade na França, isto é, na metrópole de Sens ou na de Reims, segundo atesta Gaufrido, como adiante o veremos; e ele dedicou três livros escritos contra Abelardo ao arcebispo de Rouen, Hugo, a quem chama seu "senhor", no início do livro segundo, e luzeiro claríssimo dos habitantes de Rouen: "Tu", diz ele, "cujos sentimentos para com Deus são de coração católico; tu, que falas de Deus com boca católica e sobre Deus com mão católica, escreves mais notavelmente que qualquer outro".

3. Entre as proposições de erros imputadas a Abelardo, umas não se encontram em suas obras publicadas. É disso que alguns tomam pretexto para acusar a São Bernardo, como se ele tivesse forjado falsos erros a Abelardo, e combatesse fantasmas no escuro. Mas também é certo que a maioria dos erros se colhe dos escritos publicados, como mostraremos na devida hora: e, se faltam algumas proposições, estas foram lidas, no próprio Abelardo, por Guilherme de São Teodorico, por Gaufrido e por aquele abade anônimo, que havia sido discípulo de Abelardo e não só era versado na doutrina do seu preceptor, mas até cita, como Guilherme, as mesmas palavras dele, seja da *Apologia*, seja da *Teologia*, as quais não aparecem na edição dessas obras. E, certamente, o mesmo Abelardo, no livro segundo da *Explicação da Epístola aos Romanos*, p. 554, reserva algumas coisas para tratar em sua *Teologia*, das quais não há menção alguma na edição impressa, que assim termina: "Falta o restante"; o que demonstra ter sido sua *Teologia* mutilada na impressão.

4. Portanto, causam grave dano à religião cristã, e ainda mais a São Bernardo, aqueles que, para absolver Abelardo, acusam Bernardo de ter sido movido por zelo cego, como dizem. Ao menos admitam, com o próprio Abelardo e seu defensor, Berengário, que ele errou em algumas coisas. Com efeito, Abelardo, embora não o faça com todas as veras, confessa-se réu em alguns pontos de sua *Apologia*, em que diz isto: "Escrevi talvez, por erro, algumas coisas que não havia mister: mas invoco a Deus por testemunha e por juiz de minha alma, porque o de que sou acusado não o ousei por malícia ou por orgulho". Que seja possível, desse modo, levantar-lhe a malícia, e até a heresia: mas alguns erros pelo menos, o amor a palavras novas, a leviandade, a comichão de competir, nada disso é possível dissimular nele. E, finalmente, o Papa Inocêncio, por um rescrito enviado aos bispos, ordenou que Abelardo fosse preso e seus livros queimados, os quais, segundo atesta Gaufrido, o próprio Abelardo mandou que fossem lançados ao fogo, em Roma. Mas afinal Pedro emenda-se e desiste da apelação por conselho e a pedido de Pedro, o Vene-

consilio et hortatu Petri Venerabilis abbatis Cluniacensis, qui extremos ejus mores egregie laudat in epistola ad Heloissam.

5. *Bernardo non impune cessit, quod Abaelardum et scriptis et verbis persecutus sit. Nam non solum Abaelardus censurae impatiens, sed etiam Berengarius, ejus discipulus ac defensor, quaedam in Bernardi scriptis erronea jactare demum ausi sunt, insigni commento.* «*Errasti vere, inquit Berengarius Bernardum alloquens, dum originem animarum de coelo asseruisti esse,*» *pag.* 310. *Et pag.* 315: «*Animarum originem de coelis fabularis esse, ubi sic recolo te locutum (nempe sermone decimo septimo in Cantica): Merito dixit Apostolus: Nostra conversatio est in coelis.*» *Haec verba tua subtiliter explorata, christianae mentis palato haeresim sapiunt.*» *Apage insanum atque impudentem nebulonem. Abbas anonymus sub finem libri secundi aliam Abaelardi in Bernardum calumniam profert.* «*Miraculum mihi est, quod a tam longo tempore, et a tantis viris, quorum doctrina fulget Ecclesia ut sole luna, nostro Abaelardo responsum non est, qui criminatur Abbatem, quod dicat, Deum et assumptum a Deo hominem unam esse in Trinitate personam: cum homo res corporea, et membris composita, et dissolubilis sit: Deus vero nec corporea res sit, nec membris constans, ut dissolvi possit. Unde nec Deus homo, nec homo Deus dicendus est, etc. Sic Nestorianum agit Abaelardus, cum Bernardum erroris petulanter accusat. Recte ad hunc locum Guillelmus Sancti-Theodorici in capite octavo contra Abaelardum* «*Unde et nos similiter dicimus, Christum filium hominis in ipsa natura humanitatis suae, sed non ex ipsa, secundum eam quam cum Deo habet unionem, tertiam esse in Trinitate personam: quia sicut incarnatus Deus factus est filius hominis propter hominem assumptum, sic assumptus homo factus est filius Dei propter assumentem Deum.*»

6. *Praeter capitula, quae dedita opera refellit Bernardus, nonnulla conglobatim recenset n.* 10, *contentus ea exposuisse, quae ab aliis etiam refutantur, scilicet a Guillelmo, et abbate anonymo. De accidentibus quae in Eucharistia post consecrationem remanere in aere docebat Abaelardus, ita Guillelmus sentit:* «*Nobis vero videtur, si vobis etiam videtur,*» *sic Gaufridum Carnotensem episcopum et Bernardum alloquitur,* «*quod accidentia illa, sive prioris forma substantiae, quae, ut puto, nonnisi consonus in unum accidentium concursus est, si ibi est, in corpore*

rável, abade de Cluny, que, numa carta a Heloísa, louva especialmente o comportamento de Abelardo no fim de sua vida.

5. São Bernardo não saiu impunemente da perseguição que moveu a Abelardo com discursos e escritos. Ora, tanto Abelardo, que não suportava a censura, como Berengário, seu discípulo e defensor, ousaram atribuir, com notável imaginação, alguns erros aos escritos de São Bernardo. "Tu erraste claramente", disse Berengário dirigindo-se a Bernardo, "quando afirmaste que as almas se originam do céu", p. 310. E na p. 315: "Tu fabulas ao dizer que as almas se originam dos céus; recordo que falaste deste modo (no sermão XXVII,[3] sobre o Cântico dos Cânticos): 'Disse o Apóstolo com razão: Nossa morada é nos céus'. Essas tuas palavras, se examinadas rigorosamente, têm sabor de heresia para o gosto da inteligência cristã". Arreda, charlatão louco e impudente! O abade anônimo, ao fim de seu livro segundo, relata outra calúnia de Abelardo contra São Bernardo. "Admira-me que, por tanto tempo, homens tão importantes, cuja doutrina resplandece pela luz da Igreja, como a lua pelo sol, não tenham respondido a nosso Abelardo, que censura o abade de Claraval de ter dito que Deus e o homem em quem ele se encarnou são uma só e mesma pessoa na Trindade: ora, o homem é um ser corpóreo, composto de membros e divisível; Deus, ao contrário, não é ser corpóreo, nem composto de membros, de modo que possa ser dividido. Donde não se deve dizer que Deus é homem, nem que um homem é Deus, etc." Abelardo incorre assim em nestorianismo, ao acusar afoitamente de erro a São Bernardo. A respeito deste passo, Guilherme de São Teodorico responde corretamente a Abelardo, no capítulo oitavo: "Por onde também nós, semelhantemente, dizemos que Cristo, Filho do Homem na natureza mesma de sua humanidade, é a terceira Pessoa na Trindade, não por causa dessa natureza, mas segundo aquela com que possui união com Deus: pois, assim como Deus, ao encarnar-se, se fez Filho do Homem em virtude de ter assumido a natureza humana, assim também o homem, ao ter sua natureza assumida por Deus, se fez filho de Deus em virtude de Deus que a assume".

6. Além das proposições que refutou nesta obra, Bernardo examinou algumas em conjunto no n. 10, limitando-se a expor as que foram impugnadas também por outros homens, a saber, Guilherme e o abade anônimo. A respeito dos acidentes, que, segundo ensinava Abelardo, permaneciam no ar após a consagração eucarística, Guilherme pensa desta maneira: "Parece-nos, salvo vosso melhor juízo" – dirige-se a Gaufrido, bispo de Chartres, e a São Bernardo – "que esses acidentes, ou seja, a forma da primeira substância, que, penso eu, não é mais que um concurso de aci-

Domini est, non formans illud, sed virtute operantis in ea sapientiae Dei aptans illud et modificans, ut secundum ritum mysterii et modum sacramenti habile fiat et tractabile, et gustabile in forma aliena, quod non poterat esse in propria.» Item in libro de Corpore et Sanguine Domini ad Rupertum, capite tertio: «Sed contra omnem saecularis philosophiae rationem et intellectum, mutata panis substantia in aliam substantiam, ad quoddam mysterii obsequium quaedam accidentia, quae illi inhaerebant, sic transtulit non mutata, ut corpus Domini, licet adsit albedo, non fiat album; nec rotunditas rotundum: sed hujusmodi accidentia omnia sic reservavit, ut licet vere humanitatis ejus corpori adsint, non tamen insint, non tamen illud inficiant vel afficiant,» etc.

7. Caeterum sicut de Incarnatione non recte sentiebat, aut certe non recte loquebatur Abaelardus, ita nec etiam de gratia Christi, quam ad solam rationem a Deo concessam et ad Scripturarum admonitionem et ad exempla redigebat; adeoque omnibus communem esse dicebat. «Dicendum est igitur, quod homo per rationem, a Deo quidem datam, gratiae appositae cohaerere potest; nec Deus plus facit isti qui salvatur, antequam cohaereat gratiae, quam illi qui non salvatur. Sed sicut qui lapides pretiosos exponit venales, et desiderium videntium excitat ad emendum: similiter gratiam suam apponit omnibus, consulit Scripturis, et exemplis revocat; ut homines per libertatem arbitrii quam habent, gratiae cohaereant. Et infra: Vivificatio ista tribuitur gratiae: quia ratio, qua homo discernit, et intelligit a malo abstinendum et bene agendum, est a Deo. Et ideo hoc inspirante Deo agere dicitur: quia Deus per rationem, quam dedit homini, facit eum peccatum ipsum agnoscere.» Haec, aliaque Guillelmus ex Abaelardi scriptis refert, haud dubie ex ejus Theologia, quae ob hoc fortasse, aliaque permulta, a posteris mutilata est. Neque hac in re Guillelmo, viro alioqui docto ac piissimo, fidem denegare licet: maxime cum in libro quarto super Epistolam ad Romanos, Abaelardus eamdem pestiferam doctrinam doceat pag. 653 et sequente, ubi haec verba in multis leguntur: «Ad desiderium itaque nostrum in Deo accendendum, et ad regnum coeleste concupiscendum, quam praeire gratiam necesse est, nisi ut beatitudo illa, ad quam nos invitat; et via, qua pervenire possimus, exponatur atque tradatur? Hanc autem gratiam

dentes concordando em algo uno, se ela ainda está ali, está no corpo do Senhor, não formando-o, mas, em virtude da sabedoria de Deus que nela opera, adaptando-o e acomodando-o, a fim de que, segundo o rito do mistério e o modo do sacramento, se torne maneável e paupável, e degustável na forma alheia, pois não poderia ser na sua própria." E, em seu livro sobre o Corpo e o Sangue do Senhor, capítulo terceiro, diz ele a Ruperto: "Mas, contra toda a razão e entendimento da filosofia profana, a substância do pão, mudada em outra substância, transferiu para benefício do mistério, sem mudá-los, alguns acidentes, os quais eram inerentes ao pão, de tal maneira que o corpo do Senhor não se torna branco, embora haja brancura, nem redondo, embora haja redondeza: senão que conservou todos esses acidentes de modo tal, que, conquanto estejam realmente unidos à sua natureza humana e corporal, não estão todavia nele, não o infectam nem afetam em nada", etc.

7. Ademais, assim como Abelardo não julgava retamente da Encarnação, ou, em todo o caso, não falava retamente, assim também da graça de Cristo, que ele reduzia à simples razão dada ao homem por Deus, às admoestações das Escrituras e aos bons exemplos, a ponto de afirmar que é comum a toda e qualquer pessoa. "Logo, deve ser dito que o homem, mediante a razão, dada por Deus, pode aderir à graça que se lhe oferece; nem Deus faz mais ao que se salva, antes que ele tenha recebido a graça, do que ao homem que não se salva. E, assim como aquele que expõe joias preciosas à venda, e desperta o desejo dos observadores para compra, assim também Deus propõe sua graça a todos, orienta com as Escrituras, convida pelos exemplos, a fim de que os homens, por meio do livre-arbítrio que possuem, cheguem a aderir à graça." E mais adiante: "Essa vivificação se atribui à graça, porque a razão, pela qual o homem discerne as coisas e compreende que se deve evitar o mal e proceder bem, vem de Deus. Portanto, diz-se que o homem age sob inspiração de Deus, porque Deus, pela razão que lhe deu, faz que o homem conheça o pecado mesmo". Estas e outras coisas Guilherme recolhe dos escritos de Abelardo, indubitavelmente de sua *Teologia*, que, por isso talvez, e por muitas outras razões, foi mutilada depois. E, nesta matéria, não se deve negar fé a Guilherme, homem aliás douto e muito piedoso; principalmente porque, no livro quarto sobre a Epístola aos Romanos, Abelardo ensina a mesma doutrina perniciosa, na p. 653 e nas seguintes, onde em muitos lugares se leem estes termos: "Para que se avive nosso desejo de Deus, e para que aspiremos ao reino celeste, de que graça necessitamos para orientar-nos senão a de que se nos apresente aquela bem-aventurança, à qual

tam reprobis, quam electis pariter impertit, utrosque videlicet de hoc instruendo aequaliter: ut ex eadem fidei gratia, quam perceperunt, alius ad bona opera incitetur, alius prae torporis sui negligentia inexcusabilis reddatur.» Et paulo post: «*Nec necesse est, ut per singula, quae quotidie nova succedunt opera, aliam Deus gratiam praeter ipsam fidem exponat, qua videlicet credimus, pro hoc quod facimus, tantum nos praemium adepturos.*» Haec idcirco commemoramus, ut omnes demum intelligant, quam impie ut de Incarnatione, ita de gratia Christi, si non sensit, saltem scripserit Abaelardus; et quam merito Bernardus dixerit in epistola centesima nonagesima secunda. «*Cum de Trinitate loquitur, sapit Arium; cum de gratia, sapit Pelagium; cum de persona Christi, sapit Nestorium.*» Et duo quidem postrema ex dictis, et ex sequente epistola evincuntur: de tertio legat, qui id scire volet, Abaelardi librum Theologiae tertium sub finem; ibique inveniet ipso auctore, «*facile convinci eos qui nostra de fide verba abhorrent, cum videlicet audiunt Deum Patrem, et Deum Filium, in sensum verborum nobis esse conjunctos.*» Quo pacto? «*Interrogemus enim eos,*» inquit, «*si Sapientiam Dei credant, de qua scriptum est,*» Omnia in sapientia fecisti; «*et statim respondebunt se credere.*» Hoc vero esse Filium credere: sicut credere Spiritum sanctum non aliud esse, quam credere Dei benignitatem. Quae quidem si rigide accipiantur, plusquam Arianismum, id est Sabellianismum, sapere videntur. Quanquam, ut ingenue fatear, hunc errorem in consequentibus rejicit, pag. 1069. Verum interest non solum recte sentire, sed etiam (maxime ubi de Fide agitur) recte loqui ac scribere. Hinc non immerito Guillelmus Sancti-Theoderici in capite tertio libri contra ipsum Abaelardum, adductis ejus verbis de aere et sigillo, de potentia et quadam potentia, «*quantum ad personarum destructionem,*» inquit, «*Sabellianum est; quantum ad dissimilitudinem et imparilitatem hoc in sententiam Arii pedibus ire est.*» Haec, inquam, ideo commemoramus, ut pudeat eos qui hos errores detestantur, quod Abaelardi causam suscipiant adversus Bernardum, quem praecipitis in Abaelardum judicii ac nimiae impetiginis accusare porro non verentur. Eodem fere modo, atque Abaelardus, Trinitatis mysterium explicat Guillelmus de Conchis, cujus itidem errores confutat Guillelmus Sancti-Theoderici abbas in epistola ad Bernardum. Adeo nihil infelicius cadere

nos convida Deus, e se nos indique o caminho por onde possamos alcançá-la? Ora, Deus comunica igualmente esta graça tanto aos condenados como aos eleitos, instruindo de tal maneira a uns e a outros quanto a isso, que, a partir da mesma graça de fé que receberam, uns se lançam às boas obras, outros se tornam indesculpáveis por sua negligência e indolência". E pouco depois: "Nem é necessário que, através de cada nova obra que cotidianamente realizamos, Deus nos apresente outra graça além da própria fé por que cremos que haveremos de obter tão grande recompensa pelo que fazemos". Recordamos estas palavras para que todos afinal compreendam quão impiamente Abelardo pensava, ou pelo menos escrevia, sobre a Encarnação e sobre a graça de Cristo; e quão justamente tinha dito Bernardo na carta de número cento e noventa e dois: "Quando ele fala da Trindade, tem sabor de Ário; quando fala da graça, tem sabor de Pelágio; quando fala da Pessoa de Cristo, tem sabor de Nestório". Com efeito, as duas primeiras acusações estão provadas convincentemente pelo que já se disse e pela carta subsequente: a respeito da terceira, quem quiser saber dela leia o final do livro terceiro da *Teologia* de Abelardo; lá encontrará isto, pelo próprio autor: "Aqueles que aborrecem nossas palavras sobre a fé, por nos ouvir dizer Deus Pai e Deus Filho, são facilmente persuadidos de que concordam conosco no sentido das palavras". De que modo? "Ora, interroguemo-lhes", diz ele, "se creem na Sabedoria de Deus, da qual está escrito: 'Fizestes tudo na sabedoria', e responderão imediatamente que creem." De fato, para ele, isso é crer no Filho: do mesmo modo, crer no Espírito Santo não é outra coisa senão crer na bondade de Deus. Se tomadas rigorosamente, estas palavras parecem ter gosto não só de arianismo, mas sobretudo de sabelianismo. Contudo, devo confessar, Abelardo rejeitou este erro na sequência, p. 1.069. Importa porém não apenas pensar retamente, mas também (principalmente quando se trata da fé) dizer e escrever retamente. Daí Guilherme de São Teodorico, no capítulo terceiro do livro contra o próprio Abelardo, aduzindo suas palavras sobre o bronze e o sinete, sobre a potência e certa potência, afirma com razão: "Quanto à destruição das Pessoas divinas, ele é sabeliano; quanto à dessemelhança e disparidade delas, caminha para o pensamento de Ário". Recordamos estas palavras, repito, com o intuito de que se envergonhem aqueles que, embora detestem tais erros, assumem a causa de Abelardo, e, além disso, não receiam acusar São Bernardo de juízo precipitado e de ímpeto desmedido contra Abelardo. Guilherme de Conches explica, quase do mesmo modo que Abelardo, o mistério da Trindade; e seus erros também são

in religionem potest, quam cum philosophi ex sola ratione fidei nostrae mysteria explicare conantur.

8. *De toto Abaelardi negotio Gaufridus sancti Bernardi notarius ita loquitur in epistola ad Henricum cardinalem et episcopum Albanensem:* «*Audivi etiam, quod super damnatione Petri Abaelardi diligentia vestra desiderat plenius nosse similiter veritatem: cujus libellos piae memoriae dominus Innocentius II papa in urbe Roma et in ecclesia beati Petri incendio celebri condemnavit, apostolica auctoritate haereticum illum denuntians. Nam et ante plures annos venerabilis quidam cardinalis et legatus Romanae Ecclesiae, Cono nomine, regularis quondam canonicus ecclesiae Sancti-Nicolai de Aruasia, Theologiam ejus, Suessione concilium celebrans, similiter concremaverat, ipsum Petrum praesentem arguens, et convictum de haeretica pravitate condemnans. Unde vestro si placuerit desiderio, per libellum de Vita sancti Bernardi, et per ejus epistolas missas ad curiam satisfiet. Inveni tamen in Clara-Valle libellum cujusdam abbatis Nigrorum monachorum, quo errores ejusdem Petri notantur, quem et olim me vidisse recordor: sed a multis annis, ut custodes librorum asserunt, studiose quaesitus, primus quaternio non potuit inveniri. Propter quod propositi nostri est in Franciam destinare ad monasterium, cujus abbas exstitit, qui eumdem librum composuit; et, si recuperare potero, transcribi facere codicem totum, et mittere vobis. Credo enim quod vestrae inquisitioni sufficere debeat, ut cognoscatis, quae, quemadmodum, quare sint condemnata.*» *Hactenus Gaufridus ex Chesnii Notis in Abaelardum. Mittimus quae de viso Henrici canonici Tornacensis, ad Patres synodi Senonensis atque ad Bernardum relato, memorantur in Spicilegii tomo duodecimo, pag. 478 et sequente.*

9. *Posteaquam haec scripseram, noster Joannes Durandus, qui tunc Romae versabatur, ex mendoso codice Vaticano, notato 663, ad me transmisit Capitula haeresum Petri Abaelardi, sequenti epistolae praemissa, haec ipsa sine dubio, quae Bernardus in fine hujusce epistolae se collegisse, ac Pontifici transmisisse significat. Idcirco ea hoc loco praemittere visum est ad ipsius epistolae illustrationem.*

refutados pelo abade Guilherme de São Teodorico, na carta a São Bernardo. Na verdade, nada mais funesto pode acontecer à religião do que quando os filósofos tentam explicar, unicamente pela razão, os mistérios de nossa fé.

8. A respeito de todo o caso de Abelardo, assim falou Gaufrido, secretário de São Bernardo, na carta a Henrique, cardeal e bispo de Albano: "Soube ainda que vossa diligência deseja também conhecer, mais profundamente, a verdade sobre a condenação de Pedro Abelardo, cujos escritos o senhor Inocêncio II, Papa de piedosa memória, condenou ao fogo, solenemente, na igreja de São Pedro, em Roma, e, com sua autoridade apostólica, o declarou herético. Ora, muitos anos antes, um venerável cardeal e legado da Igreja romana, de nome Cono, antigo cônego regular da igreja de São Nicolau de Arouaise, ao celebrar o Concílio de Soissons, queimara também a *Teologia* de Abelardo, arguindo ao próprio Pedro, que estava presente, e declarando-o culpado convicto de herética pravidade. A respeito disso, se for de vosso agrado, satisfar-vos-á o livro sobre a vida de São Bernardo, e suas cartas endereçadas à cúria. Todavia, achei em Claraval um livrinho de certo abade dos monges negros que aponta os erros do mesmo Pedro, o qual livrinho me recordo de ter visto em outro tempo: mas, procuradas diligentemente desde há muitos anos, como afirmam os curadores da biblioteca, não se puderam encontrar suas primeiras quatro folhas. Por isso, é nosso propósito dirigirmo-nos à França, ao mosteiro do abade que compôs esse livro; e, se eu puder recuperá-lo, farei copiar o códice todo e vo-lo remeterei. Ora, creio que isso deva bastar à vossa investigação, a fim de que conheçais que proposições foram condenadas, de que modo e por quê". Aqui termina Gaufrido, conforme as notas de Duchesne sobre Abelardo. Omitimos o que é mencionado no tomo XII do *Espicilégio*, p. 478 e seguintes, sobre o parecer de Henrique, cônego de Tournai, relatado aos Padres do Concílio de Sens e a São Bernardo.

9. Depois de eu ter escrito essas coisas, o nosso Jean Durand, que então se achava em Roma, remeteu-me, tiradas de um códice defeituoso do Vaticano, n.º 663, as "Proposições Heréticas de Pedro Abelardo", colocadas antes da seguinte carta; estas, sem dúvida, são as mesmas que São Bernardo, ao fim de sua carta, assevera ter coligido e enviado ao Pontífice. Por isso, pareceu bem antepô-las aqui, a título de esclarecimento da própria carta.

Incipiunt Capitula Haeresum Petri Abaelardi

I

Horrenda similitudo de sigillo aereo, de specie et genere ad Trinitatem

«Cum sapientia Dei quaedam sit potentia, sicut aereum sigillum est quoddam aes, liquet profecto divinam sapientiam ex divina potentia esse suum habere, ad eam videlicet similitudinem, qua sigillum aereum dicitur esse quod est ejus materia; vel species ex genere, quod quasi materia speciei dicitur esse, ut animal hominis. Sicut enim ex eo quod est aereum sigillum, exigit necessario quod aes sit, et ex eo quod est homo ut animal sit, sed non e contrario: ita divina sapientia, quae est potentia discernendi, exigit quod sit divina potentia, sed non e contrario.» Et post pauca: «Benignitas ipsa, quae hoc nomine quod Spiritus est demonstratur, non est in Deo potentia sive sapientia.»

II

Quod Spiritus sanctus non sit de substantia Patris

«Cum itaque tam Filius, quam Spiritus sanctus ex Patre sit, hic quidem genitus, ille procedens; differt in eo generatio ipsa a processione, quod is qui generatur ex ipsa Patris substantia est, cum ipsa, ut dictum est, Sapientia hoc ipsum esse habeat, ut sit quaedam potentia.» Et

Heresias de Pedro Abelardo

I

Horrorosa analogia tirada de um selo de bronze, da espécie e do gênero, aplicada à Santíssima Trindade

"Sendo a sabedoria de Deus certa potência, assim como um selo de bronze é certo bronze, segue-se evidentemente que a sabedoria de Deus tem seu ser da potência de Deus, assim como um selo de bronze tem seu nome do bronze, que é sua matéria, e assim como a espécie toma o seu de seu gênero, que é, de algum modo, a matéria da espécie, como o animal é a do homem. Com efeito, assim como para haver selo de bronze é preciso que haja bronze, e assim como para o homem ser é preciso que o animal também seja, mas não reciprocamente; assim também, para haver sabedoria divina, que não é senão a potência de discernir, é preciso que haja potência divina, sem que se siga, porém, a recíproca." Depois, um pouco mais adiante, lê-se ainda: "A benignidade, nome com que se designa o Espírito Santo, não é senão Deus potência ou [Deus] sabedoria".

II

O Espírito Santo não é da mesma substância que o Pai

"O Filho e o Espírito Santo vêm do Pai, um por meio de geração, o outro por meio de processão. A geração difere da processão porque aquilo que é engendrado é da substância do Pai, dado que ele é, como dissemos, a sabedoria mesma: ora,

post pauca: «Spiritus vero quamvis ejusdem substantiae sit cum Patre et Filio, unde etiam Trinitas ipsa homousion, id est unius substantiae, praedicatur, minime tamen ex substantia Patris est aut Filii, quod esset ipsum ex Patre vel Filio gigni: sed magis ex ipsis habet procedere, quod est Deum se per charitatem ad alterum extendere. Quodammodo etenim per amorem unusquisque a se ipso ad alterum procedit, cum proprie, ut dictum est, nemo ad seipsum charitatem habere dicatur, ut sibi ipsi benignus esset, sed alteri: maxime autem Deus, qui nullius indiget, erga seipsum benignitatis affectu commoveri non potest, ut sibi aliquid ex benignitate impendat, sed erga creaturas tantum.»

III

Quod ea Deus solummodo possit facere, vel dimittere, vel eo modo tantum, vel eo tempore quo facit, non alio

«Hac ratione qua convincitur quod Deus Pater tam bonum genuit Filium quantum potuit cum videlicet aliter reus esset invidiae, clarum est etiam omnia quae facit, quantum potest, egregia facere; nec ullum commodum quod conferre possit, subtrahere velle.» Et post pauca: «In tantum in omnibus quae Deus facit, quod bonum est attendit, ut ipso boni pretio potius quam voluntatis suae libito ad singula facienda inclinari dicatur.» Item: «Ex his itaque tam de ratione quam de scripto collatis constat, id solum Deum facere posse quod aliquando facit.» Et post pauca: «Qui si mala quae fiunt disturbare posset, nec id etiam nisi opportune faceret, qui nihil importune facere potest: profecto non video, quomodo peccatis consentiens non esset. Quis enim consentire malo dicendus est, nisi is per quem etiam opportune disturbari posset?» Item: «Praedictis itaque rationibus vel objectorum solutionibus liquere reor omnibus, ea solummodo Deum posse facere, vel dimittere, vel eo modo tantum, vel eo tempore quo facit, non alio.»

a essência da sabedoria vem precisamente de ser certa potência." Adiante, acrescenta: "Quanto ao Espírito Santo, embora seja da mesma substância que o Pai e que o Filho, e o que fez se desse à Trindade o nome de consubstancial, ou seja, que tem a mesma substância, ele não é, porém, da substância do Pai e do Filho, como o seria se fosse engendrado do Pai e do Filho; senão que tem de proceder deles, o que, em Deus, não é senão estender-se pela caridade a outro ente que ele. Assim, pelo amor, cada um procede de si para outro, porque, como dissemos mais acima, não se poderia dizer propriamente que alguém tem caridade por si; quem quer que seja bom o é com relação a outro, não com relação a si. Mas isso é particularmente verdadeiro de Deus, que, não tendo necessidade de nada, não pode ser tocado por sentimento de caridade por si, de modo que se proporcione algum bem de sua própria benevolência; ele não o poderia ser senão para as criaturas".

III

Deus não pode fazer ou impedir o que ele faz ou o que ele impede senão da maneira e no tempo em que o faz, não de outro modo

"Em razão de Deus Pai ter engendrado um Filho tão bom quanto ele pôde, porque de outro modo teria cedido à inveja, segue-se que tudo o que ele faz, fá-lo tão bem quanto possível, e que ele não poderia negar-lhe um só bem que lhe pode dar." Um pouco mais adiante, acrescenta: "Em tudo o que Deus faz, ele se propõe de tal modo ao bem, que se pode dizer que é levado a fazer tudo o que faz antes pelo preço mesmo do bem que pelo bel-prazer de sua vontade". E em outro lugar se exprime nestes termos: "Prova-se tanto pela razão como pelas Escrituras que Deus não pode fazer senão o que ele faz". Depois, um pouco mais adiante, continua: "Se pudesse impedir o mal que se faz, ele fá-lo-ia certamente em tempo oportuno, porque não pode nada fazer de outro modo; por conseguinte, não vejo como ele não consente no pecado; com efeito, como não dizer que aquele que poderia impedir o mal em tempo oportuno não consente naquele que se faz?" E ainda: "As razões que dei mais acima e as respostas que dei às objeções parecem-me de natureza que convença a todos de que Deus não pode fazer ou impedir o que ele faz ou o que ele impede senão da maneira e no tempo em que o faz, não de outro modo".

IV

Quod Christus non assumpsit carnem, ut nos a jugo diaboli liberaret

«Sciendum est quod omnes nostri doctores qui post Apostolos fuere, in hoc conveniunt, quod diabolus dominium et potestatem habebat super hominem, et jure eum possidebat.» Et post pauca: «Nec diabolus unquam jus aliquod habuit super hominem, sed jure eum possidebat permittente, ut carcerarius; nec Filius Dei a jugo diaboli liberaret, carnem assumpsit. Et post pauca: Quomodo nos justificari vel reconciliari Deo per mortem Filii ejus dicit Apostolus, qui tanto amplius adversus hominem irasci debuit, quanto amplius in crucifigendo Filium suum deliquerit, quam in transgrediendo primum praeceptum suum unius pomi gustu: quomodo enim amplius justum fuerat? Quod si tantum fuerat illud Adae peccatum, ut expiari non posset nisi ex morte Christi: quam expiationem habebit ipsum homicidium, quod in Christo commissum est, tot et tanta scelera in ipsum vel suos commissa? Nunquid mors innocentis Filii tantum Deo placuit, ut per ipsam reconciliaretur nobis, qui hoc peccando commisimus, propter quod innocens Dominus est occisus; nec nisi hoc maximum fieret peccatum, 1050C etiam levius potuit ignoscere multo nec nisi multiplicatis malis tam bonum facere, in quo et justiores facti sumus per mortem Filii Dei, quam ante eramus, ut a peccatis jam liberari debeamus?» Item: «Cui vero non crudele et iniquum videtur, ut sanguinem innocentis, et pretium aliquod quis requisierit, aut ullo modo ei placuerit innocentem interfici? nedum Deus tam acceptam mortem Filii habuit, ut per ipsam universo reconciliatus sit mundo. Haec et his similia non mediocrem movent quaestionem, non solum de redemptione, sed etiam de justificatione nostra per mortem Domini nostri Jesu Christi. Nobis autem videtur, quod nihilo minus sumus justificati in sanguine Christi; et Deo reconciliati per hanc singularem gratiam nobis exhibitam, quod Filius suus nostram suscepit naturam et in ipsa nos tam verbo, quam exemplo instituendo usque ad mortem praestitit, nos sibi amplius per amorem astrinxit: ut tanto divinae gratiae accensi beneficio, nulla tolerare propter ipsum vestra reformidet

IV

CRISTO NÃO ASSUMIU NOSSA CARNE PARA LIVRAR-NOS DO JUGO DO DEMÔNIO

"Deve saber-se que todos os nossos doutores que existiram desde os apóstolos estão de acordo neste ponto: o diabo tinha domínio e poder sobre o homem, e possuía-o justamente." Um pouco mais adiante, lê-se: "Parece-me que o diabo nunca teve sobre o homem nenhum poder sem que tivesse permissão de Deus, como um carcereiro, e que o Filho de Deus não encarnou para livrá-lo". Mais adiante, continua: "Como o Apóstolo diz que somos justificados e reconciliados com Deus pela morte de seu Filho, quando, ao contrário, Deus deve ter ficado ainda mais irritado com o homem pelo que cometeu condenando seu Filho à morte, uma falta bem maior que a de transgredir seu primeiro preceito comendo do fruto proibido? Quanto, com efeito, não teria sido sua cólera mais justa então? Mas, se tal foi o pecado de Adão que ele não pôde ser expiado senão pela morte de Cristo, o que será capaz de expiar a morte mesma de Cristo e todas as sacrílegas ofensas de que foi objeto? Será que a morte de seu Filho inocente aprouve a Deus a ponto de reconciliá-lo conosco, que a causamos por nossos pecados, pois não foi senão por causa destes que ele morreu, e não nos pôde perdoar uma falta menor a nós, que cometemos uma tão enorme? Enfim, eram-lhe necessários tantos pecados para ele fazer o tão grande bem de livrar-nos de nossos pecados e tornar-nos, pela morte de seu Filho, mais justos do que éramos antes?" E em outro lugar ainda: "A quem não parecerá iníquo e cruel exigir o sangue inocente ou uma recompensa qualquer e comprazer-se a qualquer título que seja na morte do justo? É preciso pois que Deus tenha tido a morte de seu Filho como de tal modo agradável, que ele, por ela, se tenha reconciliado com o mundo". Todas essas reflexões e outras semelhantes não passam de questões medíocres não só sobre o mistério da Redenção, mas também sobre o de nossa justificação pela morte de Nosso Senhor Jesus Cristo. "Não nos parece menos verdadeiro, entretanto, que sejamos justificados no sangue de Jesus Cristo e reconciliados com Deus, pela graça singular que ele nos fez, quando seu Filho tomou nossa natureza e nela nos instruiu por sua voz e seu exemplo até à morte. Ele uniu-nos tão intimamente a si por seu amor por nós, que nossa caridade inflamada por tão grande benefício da graça divina não poderia doravante temer

charitas: quod quidem beneficium antiquos etiam patres, hoc per fidem exspectantes, in summum amorem Dei tanquam homines temporis non dubitamus accendisse.» Et infra: «Puto ergo quod consilium et causa incarnationis fuit, ut mundum luce suae sapientiae illuminaret, et ad amorem suum accenderet.»

V

Quod neque Deus et homo, neque homo persona, quae Christus est, sit tertia persona in Trinitate

«Quando dico, Christus est tertia persona in Trinitate; hoc volo dicere, quod Verbum, quod ab aeterno tertia persona in Trinitate fuit, tertia persona sit in Trinitate: et ita puto quod locutio sit figurativa. Si enim propriam diceremus esse, cum hoc nomen Christus idem sonet quod Deus et homo, tunc talis esset sensus: Deus et homo est tertia persona in Trinitate. Quod penitus est falsum.» Et post pauca: «Et est sciendum, quod quamvis concedamus, quod Christus est tertia persona in Trinitate, non tamen concedimus quod haec persona, quae Christus est, si tertia persona in Trinitate.»

VI

Quod Deus non plus faciat ei qui salvatur antequam cohaereat gratiae, quam ei qui non salvatur

«Sic iterum solet quaeri illud quod a quibusdam dicitur, scilicet utrum omnes homines ita sola misericordia salventur, ut nullus sit qui bonam voluntatem habere possit, nisi gratia Dei praeveniente, quae cor moveat, et bonam voluntatem inspiret, et inspiratam multiplicet, et multiplicatam conservet. Quod si ita est quod homo ex se nihil boni operari possit, aut aliquo modo ad divinam gratiam suscipiendam per liberum arbitrium sine auxilio gratiae se erigere prout dictum est, non

sofrer nenhuma coisa por ele. Não duvidamos que esse benefício tenha inflamado do maior amor por Deus os homens justos da antiga lei que o esperavam pela fé, da mesma forma como inflama os da lei nova." E mais adiante diz ainda: "Eu penso, pois, que a causa e o propósito da Encarnação foi da parte de Deus aclarar o mundo com a luz da sabedoria e inflamá-lo de amor por ele".

V

Nem Deus que é homem nem o homem que é Cristo são uma das três Pessoas da Trindade

"Quando digo que Cristo é uma terceira Pessoa na Trindade, não pretendo dizer senão isto: o Verbo que, desde toda a eternidade, é uma das três Pessoas da Trindade é uma terceira Pessoa da Trindade. Assim, para mim, esta expressão é figurada; pois, se disséssemos que é própria, como o nome de Cristo não designa senão Deus feito homem, ela teria o sentido de que Deus feito homem é uma das três Pessoas da Trindade, o que é manifestamente falso." Mais adiante, continua: "Deve saber-se que, quando concordamos com que Cristo é uma das três Pessoas da Trindade, não queremos dizer que a Pessoa de Cristo seja uma das três Pessoas da Trindade".

VI

Deus não faz mais para aquele que se salva, enquanto ainda não tiver aderido à graça, do que para aquele que não se salva

"Tem-se ainda o costume de perguntar se é verdade, como muitos pretendem, que todos os homens têm tal necessidade da misericórdia de Deus para salvar-se, que ninguém pode ter vontade de fazer o bem se não for munido antes de tudo pela graça de Deus que excite seu coração e lhe inspire a vontade de fazer o bem, e a multiplique após lhe ter inspirado, e a conserve após tê-la multiplicado. Se é verdade que o homem não pode fazer nenhum bem por si mesmo, e que é incapaz de elevar-se suficientemente, de uma forma ou de outra, para receber a graça de Deus, por

possit; non videtur ratio quare, si peccat, puniatur. Si enim non potest ex se aliquid boni facere, et talis factus est qui sit pronior ad malum, quam ad bonum; nonne si peccat immunis est a culpa; et nunquid Deus, qui ita infirmum et fragilis naturae eum fecit, est laudandus de tali creatione? Imo si ita esset, nonne potius culpandus videretur?» Et post pauca: «Quod si ita esset quod homo ad divinam gratiam percipiendam se erigere sine alterius gratia non posset; non videtur ratio esse, quare homo inculparetur; et Dei gratiam non habere, potius in auctorem ipsius refundandum videretur. Quod ita non est, sed longe aliter dicendum, prout rei veritas se habet. Dicendum est ergo, quod homo per rationem, a Deo quidem datam, gratiae appositae cohaerere potest: nec Deus plus facit illi qui salvatur antequam cohaereat gratiae, quam illi qui non salvatur. Ita enim se gerit Deus erga homines, quemadmodum mercator qui habet pretiosos lapides venales, qui videlicet exponit eos in foro, et aeque omnibus offert, et per ostensos desiderium in eis ad emendum excitat. Qui prudens est, sciens se eis indigere, laborat ut habeat; acquirit nummos, et emit eos: qui deses est et piger, etsi desiderium habeat, quia tamen piger est, non laborat, etsi fortior sit alio corpore, nec emit eos; et ideo culpa sua quod caret illis. Similiter Deus gratiam suam apponit omnibus, et consulit Scripturis et doctoribus eximiis, ut pro libertate arbitrii, qua gratiae cohaereat qui prudens est, providens sibi in futuro ex libertate arbitrii qua huic cohaeret gratiae. Piger vero a carnalibus desideriis implicatus, etsi desideret beatificari, nunquam tamen vult laborare compescendo se a malo, sed negligit, quamvis per liberum arbitrium possit cohaerere gratiae; et sic ab omnipotenti Deo negligitur.»

VII

Quod Deus non debeat mala impedire

«In primis videndum est, quid sit consentire malo; et quid non. Ille equidem malo consentiens dicitur, qui cum debeat hoc prohibere, et possit, non prohibet: si autem debeat, et non possit: et e contrario si possit et

seu livre-arbítrio, sem o socorro da graça, como se diz, não se vê por que, se peca, seria punido. Com efeito, se não pode por si mesmo fazer nenhum bem e se, por sua natureza, é mais inclinado ao mal que ao bem, não será ele isento de falta, se pecar, e merecerá Deus louvor por tê-lo criado assim, e ter-lhe dado natureza tão fraca e frágil? Não parece que ele mereceria, ao contrário, que se lhe reprovasse a obra?" Mais adiante, continua: "Se fosse verdade que o homem, sem o socorro de uma primeira graça, não pudesse elevar-se à graça, não se vê como é possível acusá-lo; e, se ele não tem a graça, é antes a seu Criador que deveríamos fazê-lo. Mas não é assim; deve dizer-se até que é de todo diferente, como efetiva e verdadeiramente o é. Deve pois dizer-se que o homem, por meio da razão que recebeu de Deus, pode aderir à graça que lhe é oferecida, e que Deus não faz mais por aquele que se salva, enquanto ainda não aderiu à graça, do que por aquele que não se salva. Com efeito, Deus conduz-se com respeito aos homens da mesma maneira que um joalheiro que tem pedras preciosas para vender: ele expõe-nas ao olhar dos passantes, apresenta-as a todos indistintamente, e excita neles, mostrando-lhas, o desejo de comprá-las. Aquele que é prudente e sabe que tem necessidade delas trabalha para obtê-las: adquire dinheiro e compra-as; ao contrário, o indolente e preguiçoso não trabalha, ainda que seja mais robusto que o outro, e não as compra; se não as consegue, a falta é portanto dele. O mesmo faz Deus. Ele expõe diante de todos os homens suas graças, e leva-os pelas Santas Escrituras e por seus mais eminentes doutores a servir-se de seu livre-arbítrio, para assim vincular-se à graça, se forem sábios e prudentes, pondo-se em condições de fazê-lo em seguida graças a seu livre-arbítrio. Mas o preguiçoso, ao contrário, tolhido pelos desejos da carne, desejando ser feliz, não quer nunca, porém, fazer nada para afastar-se do mal; muito pelo contrário, descuida de fazer o que deveria para isso, ainda que lhe fosse possível, se o quisesse, aderir à graça pelo livre-arbítrio: aí está como se encontra negligenciado pelo Todo-poderoso".

VII

Deus não deve impedir o mal

"Vejamos antes de tudo o que se entende por consentir e por não consentir no mal. Diz-se que alguém consente no mal quando, podendo e devendo impedi-lo, não o impede; ou se, devendo fazê-lo, não o pode. Ao contrário, não é acusado de consentir se

non debeat; non est reus. Si vero nec debet, nec potest, multo minus reus censendus est. Et ideo Deus a consensu malorum est alienus, qui nec debet, nec potest mala impedire. Ideo non debet, quia cum res per benignitatem illius eveniat eo modo, quo melius potest, nullo modo hoc velle debet. Ideo autem non potest, quia bonitas illius electo minori bono, illi quod majus est impedimentum minime parare potest.»

VIII

Quod non contraximus ex Adam culpam, sed poenam

«Sciendum est quod cum dicitur, Originale peccatum est in parvis; hoc dicitur pro poena temporali et aeterna, quae debetur eis ex culpa primi parentis.» Et paulo post: «Similiter dicitur, *in quo omnes peccaverunt* (Rom. V, 12): ideo scilicet, quia seminarium omnium erat in illo qui peccavit. Non tamen inde provenit, quod omnes peccassent qui non erant: et qui non est, non peccat.»

IX

Quod corpus Domini non cadit in terram

«De speciebus panis et vini quaeritur, si sint modo in corpore Christi, sicut prius erant in substantia panis et vini, quae versa est in corpus Christi: an sint in aere. Sed verisimilius est quod sint in aere, cum sint in corpore Christi sua lineamenta, et suam speciem habeat, sicut alia corpora humana. Species vero istae, scilicet panis et vini, fiunt in ore ad celandum et obtegendum corpus Christi.» Et post pauca: «Hic autem quaeritur de hoc quod qui videtur esse multitud unde et praecipitur, quod a Sabbato usque ad Sabbatum servetur, sicut de panibus propositionis factum fuisse legitur, a muribus etiam corrodi videtur, et de manu sacerdotis vel diaconi in terra cadere. Et ideo quaeritur, quare Deus permittat ista fieri in corpore suo. An fortassis non ita fiat in corpore, sed

apenas pode impedi-lo mas não deve fazê-lo: com ainda mais razão, não responde por ele se não pode nem deve impedi-lo. Daí concluo que Deus é de todo estranho ao mal por sua vontade, porque não deve nem pode impedi-lo. Não o deve porque, sucedendo a coisa, em virtude de sua bondade, da melhor maneira possível, não deve de modo algum querer impedi-lo; ademais, porém, não pode impedi-lo uma vez que sua bondade, após ter escolhido um bem menor, não pode erguer obstáculo a um bem maior."

VIII

Nós contraímos do pecado de Adão apenas a culpa, não a pena

"É preciso saber que, quando se diz que o pecado original se encontra nas crianças, tal se entende da pena temporal e eterna que devem sofrer em consequência da falta de nosso primeiro pai." Um pouco mais adiante, acrescenta: "Igualmente se diz, falando de nosso primeiro pai, que é nele que todos pecaram, no sentido de que todos estávamos em germe nele quando ele pecou. Mas daí não se segue que todos os homens tenham pecado, porque ainda não existiam; pois quem quer que fosse não poderia então pecar".

IX

O corpo do Senhor não cai no chão

"A respeito das espécies do pão e do vinho, pergunta-se se subsistem atualmente no corpo de Jesus Cristo, do mesmo modo como subsistiam antes da consagração na substância do pão e na do vinho que foram mudadas no corpo de Jesus Cristo, ou se elas estão somente no ar. É verossímil que subsistam no ar, porque o corpo do Cristo tem seus traços e sua espécie como todos os outros corpos humanos. Quanto às espécies eucarísticas do pão e do vinho, não servem senão para ocultar e cobrir o corpo de Jesus Cristo." Um pouco mais adiante, diz: "Pergunta-se ainda a respeito do que parece ser múltiplo... donde o ser prescrito conservá-lo de um sábado para outro, como lemos que se conservavam outrora os pães da proposição. Ele parece também ser roído pelos camundongos e cair no chão da mão do diácono ou do padre: é o que faz perguntar

tantum ita faciat apparere in specie? Ad quod dicimus, quod revera non est sic in corpore, sed Deus ita in speciebus ipsis propter negligentiam ministrorum reprimendam habere facit: corpus vero suum, prout ei placet, reponit et conservat.

X

Quod propter opera nec melior, nec pejor efficiatur homo

«Solet quaeri quid a Domino remuneretur, opus, an intentio, seu utrumque. Auctoritas autem videtur velle, quod opera a Deo aeternaliter remunerentur: ait namque Apostolus, *Reddet Deus unicuique secundum opera sua* (Rom. II, 6). Et Athanasius ait.Reddituri sunt de factis propriis rationem.Et paulo post ait: Et qui bona egerunt, ibunt in vitam aeternam; qui vero mala, in ignem aeternum (Matth. XXV, 46, et Joan. V, 29). Nos vero dicimus, quod aeternaliter a Deo remunerentur, sive ad bonum, sive ad malum: nec propter opera pejor, vel melior efficitur homo, nisi dum operatur, fortassis voluntas ejus in aliquo augmentetur. Nec est contra Apostolum vel alios auctores; quia cum Apostolus dixit, *Reddet unicuique,*etc., ibi effectum pro causa posuit, opus scilicet pro voluntate seu intentione.»

XI

Quod non peccaverunt qui Christum crucifixerunt ignoranter; et quod non sit culpae adscribendum quidquid fit per ignorantiam

«Opponit de Judaeis qui Christum crucifixerunt, et de aliis qui martyres persequendo putabant se obsequium praestare Deo: et de Eva quae non egit contra conscientiam, quoniam seducta est, et tamen certum est eam peccasse. Ad quod nos dicimus, quod revera illi simplices Judaei non agebant contra conscientiam, sed potius zelo legis

por que Deus permite que tais coisas aconteçam em seu corpo, ou, na hipótese de que tais coisas não sucedam no corpo de Nosso Senhor, se não ocorrem, assim, senão em aparência. Respondemos a isso dizendo que não sucedem efetivamente no corpo, senão que Deus as faz acontecer nas próprias espécies para reprimir a negligência de seus ministros. Quanto a seu corpo, ele coloca-o e conserva-o como lhe apraz".

X

As obras não fazem que o homem seja pior nem melhor

"Pergunta-se comumente o que é que Deus recompensa: se são as obras, as intenções, umas e outras ao mesmo tempo. A autoridade parece querer que sejam as obras o que Deus recompensa eternamente, levando em consideração que o Apóstolo disse: Deus dará a cada um segundo as suas obras, e que Santo Atanásio disse: 'Prestaremos conta de nossas obras'." Um pouco mais adiante, diz: "Os que fizeram o bem irão para a vida eterna; os que, ao contrário, fizeram o mal, para o fogo eterno. De nossa parte, dizemos que são eternamente recompensados seja pelo bem, seja pelo mal, e não cremos que as obras tornem o homem pior ou melhor; a menos que, durante a ação, sua vontade não se apresente com mais força ainda que o que ele faz. Não dizemos nada contrário ao que dizem os Apóstolos e os outros autores; pois, quando o Apóstolo diz que Deus dará a cada um segundo as suas obras, toma o efeito pela causa, e a obra pela vontade ou intenção".

XI

Os que crucificaram a Cristo sem conhecê-lo não pecaram. Não há pecado de ignorância

"Opõem-nos o feito dos judeus, que crucificaram a Cristo, o dos homens que, perseguindo os mártires, pensavam estar prestando glória a Deus, e enfim o de Eva, que não agiu contra sua consciência porque foi seduzida, e assinalam-nos que todos pecaram. A isso respondo que, com efeito, os judeus, em sua simplicidade, não agindo contra sua consciência, não perseguindo Jesus Cristo senão por zelo por sua lei e não

suae Christum persequebantur; nec putabant se male agere, et ideo non peccabant: nec propter hoc aliqui eorum damnati sunt, sed propter praecedentia peccata, merito quorum in istam caecitatem devoluti sunt. Et inter illos erant electi illi, pro quibus Christus oravit, dicens: *Pater, dimitte illis, quia nesciunt quid faciunt* (Luc. XXIII, 34). Nec oravit ut hoc peccatum eis dimitteretur, cum hoc peccatum non esset, sed potius peccata praecedentia.»

XII

De potestate ligandi et solvendi

«Illud quod in Matthaeo legitur, *Quaecunque ligaveris super terram* (Matth. XVI, 19), etc., sic intelligendum est: *Quaecunque ligaveris super terram*, id est in praesenti vita, *erit ligatum et in coelis*, id est in praesenti Ecclesia.» Et post pauca: «Huic sententiae, qua dicimus Deum solum dimittere peccata, Evangelium videtur obviare: ait namque Christus ad discipulos suos: *Accipite Spiritum sanctum; quorum remiseritis peccata remittuntur eis* (Joan. XX, 22, 23). Sed nos dicimus quod hoc dictum est solis Apostolis, non successoribus eorum.» Et statim subditur: «Si quis tamen successoribus eorum convenire hoc dixerit, ad modum supradictae auctoritatis hanc quoque exponere decet.»

XIII

De suggestione, delectatione, et consensu

«Sciendum quoque quod suggestio non est peccatum illi cui suggestio fit, nec delectatio consequens suggestionem, quae delectatio inest ex infirmitate et memoria voluptatis, quae est in impletione illius rei quam adversarius suggerit; sed solus consensus, qui et contemptus Dei dicitur, in quo peccatum consistit.» Et post pauca: «Nec dicimus quod voluntas faciendi hoc vel illud, nec et ipsum opus sit peccatum, sed potius, ut superius dictum est, ipse Dei contemptus ex aliqua voluntate.»

pensando que faziam o mal, não cometeram pecado realmente, e que se são condenados não é por causa disso, mas em punição de pecados precedentes que os fizeram cair em sua obcecação. Entre eles, até se encontravam eleitos; é por eles que Jesus Cristo rezou dizendo: 'Pai, perdoai-lhes, porque não sabem o que fazem'. Ele não pediu em sua prece que esse pecado lhes fosse remido, porque propriamente falando não era um pecado; mas antes que seus pecados precedentes lhes fossem perdoados."

XII

DO PODER DE LIGAR E DE DESLIGAR

"Quanto ao que se diz em São Mateus, tudo o que ligares sobre a terra, etc., eis como é preciso entendê-lo. Tudo o que ligares sobre a terra, ou seja, na Igreja presente." Um pouco mais adiante, diz: "O Evangelho parece contradizer-nos quando dizemos que Deus só pode remir os pecados; pois Jesus Cristo disse a seus discípulos: 'Recebei o Espírito Santo, e perdoar-se-ão os pecados aos que vós perdoardes'. Mas nós dizemos que essas palavras só se endereçam aos Apóstolos, não a seus sucessores". Depois acrescenta: "Se porém alguém pretende que diziam respeito também aos sucessores dos Apóstolos, é preciso, neste caso, entender essa passagem da mesma maneira como explicamos a precedente".

XIII

A SUGESTÃO, A DELEITAÇÃO E O CONSENTIMENTO

"É preciso saber perfeitamente que a sugestão não é um pecado para aquele a quem se endereça, como tampouco a deleitação que se segue à sugestão, que não se dá na alma senão por causa de nossa fraqueza e pela recordação do prazer que se encontra na realização da coisa que o tentador sugere a nosso espírito; apenas no consentimento, que não é senão o desprezo de Deus, consiste o pecado." Depois, um pouco mais adiante, diz ainda: "Nós não dizemos que a vontade de fazer isso ou aquilo ou a mesma ação que se pratica sejam pecados, mas antes, como dissemos mais acima, que é no desprezo de Deus procedente de certo ato da vontade que reside o pecado".

XIV

Quod ad Patrem proprie vel specialiter pertinet omnipotentia

«Si potentiam tam ad notitiam subsistendi, quam ad efficaciam operationis referamus, invenimus ad proprietatem personae Patris proprie vel specialiter omnipotentiam attinere: quod non solum cum caeteris duabus personis aeque omnia efficere potest, verum etiam ipse solus a se, non ab alio existere habet; et sicut habet a se existere, ita etiam ex se habet posse.»

Haec sunt Capitula Theologiae, imo Stultologioe Petri Abaelardi.

XIV

A ONIPOTÊNCIA PERTENCE PROPRIAMENTE E ESPECIALMENTE AO PAI

"Se devemos relacionar o poder antes à noção do ser que à eficácia da operação, vemos que a onipotência pertence propriamente e especialmente à Pessoa do Pai, em razão não só de que ele pode tudo como as duas outras Pessoas, mas também de só ele ter o ser de si mesmo, não de outro. Ora, se ele subsiste por si mesmo, é igualmente todo-poderoso por si mesmo."

Tais são os principais capítulos da teologia, ou antes, da estultologia de Pedro Abelardo.

BERNARDI ABBATIS CONTRA QUAEDAM CAPITULA ERRORUM ABAELARDI EPISTOLA CXC SEU TRACTATUS AD INNOCENTIUM II PONTIFICEM

PRAEFATIO

AMANTISSIMO PATRI DOMINO INNOCENTIO SUMMO PONTIFICI, FRATER BERNARDUS CLARAE-VALLIS VOCATUS ABBAS, MODICUM ID QUOD EST.

Oportet ad vestrum referri apostolatum pericula quaeque et scandala emergentia in regno Dei, ea praesertim quae de fide contingunt. Dignum namque arbitror ibi potissimum resarciri damna fidei, ubi non possit fides sentire defectum. Haec quippe hujus praerogativa Sedis. Cui enim alteri aliquando dictum est: *Ego pro te rogavi, Petre, ut non deficiat fides tua?* Ergo quod sequitur, a Petri successore exigitur: *Et tu aliquando conversus confirma fratres tuos* (Luc. XXII, 32). Id quidem modo necessarium. Tempus est ut vestrum agnoscatis, Pater amantissime, principatum; probetis zelum, ministerium honoretis. In eo plane Petri impletis vicem, cujus tenetis et sedem, si vestra admonitione corda in fide fluctuantia confirmatis, si vestra auctoritate conteritis fidei corruptores.

Carta de número cento e noventa ou Tratado de São Bernardo contra alguns erros de Abelardo, ao Papa Inocêncio II

PREFÁCIO

A seu mui amável Pai e senhor o soberano Pontífice Inocêncio II, do irmão Bernardo abade de Clairvaux, a homenagem de seu nada.

É a Vossa Santidade apostólica que devemos dirigir-nos quando o reino de Deus está em perigo ou padece algum escândalo, principalmente no que diz respeito à fé. Onde encontrar, com efeito, lugar mais próprio para reparar nossas perdas que aquele onde não se pode errar em matéria de fé, como o é o privilégio de vossa sede apostólica? Não é a Pedro, com efeito, que foi dito: "Eu roguei por ti, para que tua fé não desfaleça" (Lc 22,32)? É pois de seu sucessor que é preciso exigir o que se diz em seguida: "E tu, por tua vez, confirma os teus irmãos". Ora, hoje, santíssimo Pai, é que é necessário cumprir essa palavra; é tempo de exercer vosso primado, de assinalar vosso zelo e de honrar vosso ministério. Cumpri os deveres daquele cujo lugar ocupais, consolidando por vossa confissão a fé nos corações em que ela está abalada e esmagando sob o peso de vossa autoridade os corruptores da fé.

CAPUT I

Impia Abaelardi de sancta Trinitate dogmata recenset, et explodit

1. Habemus in Francia novum de veteri magistro theologum, qui ab ineunte aetate sua in arte dialectica lusit, et nunc in Scripturis sanctis insanit. Olim damnata et sopita dogmata, tam sua videlicet, quam aliena, suscitare conatur, insuper et nova addit. Qui dum omnium quae sunt in coelo sursum, et quae in terra deorsum, nihil, praeter solum Nescio, nescire dignatur; ponit in coelum os suum, et scrutatur alta Dei, rediensque ad nos refert verba ineffabilia, quae non licet homini loqui et dum paratus est de omnibus reddere rationem, etiam quae sunt supra rationem, et contra rationem praesumit, et contra fidem. Quid enim magis contra rationem, quam ratione rationem conari transcendere? Et quid magis contra fidem, quam credere nolle, quidquid non possit ratione attingere? Denique exponere volens illud Sapientis [*al.* Salomonis], *Qui credit cito, levis est corde* (Eccli. XIX, 4.) «Cito credere est,» inquit, «adhibere fidem ante rationem:» cum hoc Salomon non de fide in Deum, sed de mutua inter nos credulitate loquatur. Nam illam quae in Deum est fidem beatus papa Gregorius negat plane habere meritum, si ei humana ratio praebeat experimentum: laudat autem Apostolos, quod ad unius jussionis vocem secuti sunt Redemptorem. (Homilia 26 in Evang.) Scit nimirum pro laude dictum, *In auditu auris obedivit mihi* (Psal. XVII, 45); increpatos e regione discipulos, quod tardius credidissent (Marc. XVI, 14). Denique laudatur Maria, quod rationem fide praevenit; et punitur Zacharias quod fidem ratione tentavit (Luc. I, 45, 20); et rursum Abraham commendatur qui contra spem, in spem credidit (Rom. IV, 18).

CAPÍTULO I

Exposição e refutação dos dogmas ímpios de Abelardo acerca da Trindade

1. Apareceu na França um homem que de antigo doutor que era acaba de tornar-se teólogo, e que, após ter passado os primeiros anos da juventude nos exercícios da dialética, vem agora despejar-nos seus devaneios a respeito das Sagradas Escrituras. Não contente de estimular erros já há muito tempo condenados seja nele, seja em outros, chega até a criar novos. Imaginando tudo saber do céu e da terra, à exceção do verbo "eu não sei", lança os olhos sobre tudo, perscruta os próprios mistérios de Deus, e, após suas pesquisas, vem contar-nos coisas que não foi dado a nenhuma língua humana expressar. Pronto para dar a razão de tudo, pretende até explicar o que ultrapassa a razão, a despeito das regras da fé e da própria razão. Que há, com efeito, de mais contrário à razão que querer ultrapassar-lhe o alcance, e que pode ver-se de mais oposto à fé que recusar-se a crer em tudo o que ultrapassa o alcance da razão? De resto, eis o sentido que ele dá a estas palavras do Sábio: "Aquele que crê demasiado rápido é um homem leviano" (Ecl 19,4): ele diz que crer demasiado rápido é pôr a fé adiante da razão, embora o Sábio não fale aqui da fé que devemos a Deus, mas da crença que os homens se devem mutuamente. Ora, o Papa São Gregório diz que a fé divina não tem mérito se a razão lhe fornece provas, e ele louva os Apóstolos por terem seguido o Salvador desde o primeiro mandamento que ele lhes deu (Greg., Homil. XXVI, *in Evang.*), persuadido de que é no sentido de louvor que é preciso entender estas palavras: "Ele me obedeceu assim que ouviu minha voz" (Sl 17,48)"; e, enquanto os discípulos foram censurados por ter sido lentos e tardos em crer (Mc 16,19), Maria é louvada por ter sobreposto a fé à razão (Lc 1,8); Zacarias, ao contrário, é punido por ter procurado em sua razão as provas de sua fé (*idem*); enfim, Abraão é considerado feliz por ter crido no que se lhe fazia esperar contra toda a esperança (Rm 4,13).

Caput I

2. At contra theologus noster: «Quid,» inquit, «ad doctrinam loqui proficit, si quod docere volumus, exponi non potest, ut intelligatur?» Et sic promittens intellectum auditoribus suis, in his etiam quae sublimiora et sacratiora profundo illo sinu sacrae fidei continentur, ponit in Trinitate gradus, in majestate modos, numeros in aeternitate. Denique constituit «Deum Patrem plenam esse potentiam, Filium quamdam potentiam, Spiritum sanctum nullam potentiam: atque hoc esse Filium ad Patrem, quod quamdam potentiam ad potentiam, quod speciem ad genus, quod materiatum ad materiam, quod hominem ad animal, quod aereum sigillum ad aes.» Nonne plus quam Arius hic? Quis haec ferat?quis non claudat aures ad voces sacrilegas? quis non horreat profanas novitates et vocum, et sensuum? Dicit etiam «Spiritum sanctum procedere quidem ex Patre et Filio, sed minime de Patris esse Filiive substantia. Unde ergo? an forte ex nihilo, sicut et universa quae facta sunt? Nam et ipsa ex Deo esse non diffitetur Apostolus, nec veretur dicere: *Ex quo omnia* (Rom. XI, 36). Quid igitur? dicemus ex Patre et Filio Spiritum sanctum non alio prorsus procedere modo, quam omnia, id est non essentialiter, sed creabiliter; ac perinde creatum sicut et omnia? aut numquid tertium inveniet sibi modum, quo eum ex Patre Filioque producat, homo qui nova semper inquirit, et quae non invenit fingit, affirmans ea quae non sunt, tanquam ea quae sunt? «At si esset,» inquit, «de substantia Patris, profecto genitus esset, et duos Pater filios haberet.» Quasi vero omne quod de substantia aliqua est, continuo ipsum a quo est habeat genitorem. Num vero pediculi, aut lendes, aut phlegmata, vel filii carnis sunt, vel non sunt de substantia carnis? aut vermes de ligno putrido prodeuntes, aliunde quam de ligni substantia sunt, qui tamen filii ligni non sunt? Sed et tineae de substantia pannorum substantiam habent, generationem non habent: et multa in hunc modum.

3. Miror autem hominem acutum et sciolum, ut quidem ipse sibi videtur, quomodo cum Spiritum sanctum fateatur Patri et Filio consubstantialem, neget tamen ex Patris Filiique prodire substantia. Nisi forte illos ex ipsius procedere velit: quod quidem inauditum est, et nefandum. Si autem nec is de illorum, nec illi de hujus substantia sunt; ubi, quaeso, consubstantialitas? Aut ergo fateatur cum Ecclesia, Spiritum sanctum de substantia illorum esse, a quibus non negat procedere; aut certe cum Ario

2. Nosso teólogo se expressa de modo totalmente diferente. De que serve, diz ele, falar para instruir, se não se torna inteligível o que se ensina? Por isso, na esperança que ele dá a seus discípulos de explicar-lhes o que a fé tem de mais abstrato e de mais sublime, estabelece graus na Trindade, modos na majestade de Deus, números na eternidade. Ensina que "Deus Pai é o poder absoluto, o Filho certo poder, e que o Espírito Santo não é um poder; que o Filho é com respeito do Pai o que certo poder é para o poder absoluto, a espécie para o gênero, o material para a matéria, o homem para o animal, o selo de bronze para o metal de que é feito". Não é ir mais longe que o próprio Ário? Podemos ouvir tais coisas e não tapar os ouvidos para tais blasfêmias? Esses sentimentos, essas novidades profanas e tais expressões não causam horror? Diz ele ainda que, "na verdade, o Espírito Santo procede do Pai e do Filho, mas não é da mesma substância que eles". De onde vem, então? Do nada, como a criatura, porque segundo o Apóstolo tudo é saído de Deus. Quer dizer então que o Espírito Santo procederia do Pai e do Filho como as outras criaturas, seria feito do nada como todos os entes criados e não da essência de Deus, em suma, seria criado como tudo o que é? Conhece ele, com efeito, um terceiro meio de fazê-lo proceder do Pai e do Filho, por mais hábil que seja para imaginar novidades e para elaborar idéias, para inventar sistemas e para afirmar o que não é como o que é? "Pois, se fosse da substância do Pai", diz ele, "seria gerado e, assim, o Pai teria dois Filhos." Como se tudo o que sai de uma substância fosse gerado por essa substância. Quer dizer então que, se os piolhos, as lêndeas e os humores do corpo saem da substância da carne, são por isso gerados por ela? E os vermes que se formam e nascem da madeira podre não saem da substância dessa madeira, ainda que não sejam por ela gerados? E as traças, que nascem da substância mesma de nossas roupas, serão geradas por elas? Eu poderia citar uma multidão de exemplos semelhantes.

3. Além do mais, espanta-me muito que um homem que se gaba de tanta sutileza e de tanta erudição confesse que o Espírito Santo é consubstancial ao Pai e a seu Filho e sustente, ao mesmo tempo, que ele não procede da substância de um e de outro. Por acaso quereria fazer proceder as duas primeiras Pessoas da terceira? Isso seria um dogma inaudito e abominável. Se o Espírito Santo não é da substância do Pai e do Filho, e se o Pai e o Filho não são da do Espírito Santo, em que, rogo se me diga, seriam consubstanciais? Que ele confesse, pois, com a Igreja que o Espírito Santo é da substância dos de que ele o faz proceder, ou declare abertamente com Ário que ele não lhes é consubstancial, senão que não passa de simples criatura.

Caput I

consubstantialitatem deneget, et praedicet aperte creationem. Deinde si Filius de substantia Patris est, Spiritus sanctus non est: differant necesse est a se invicem, non solum quia Spiritus sanctus genitus non est, quod Filius est; sed etiam quod Filius de substantia Patris est, quod Spiritus sanctus non est. Quam quidem posteriorem differentiam Catholica huc usque nescivit. Si eam admittimus, ubi Trinitas, ubi Unitas? Siquidem Spiritu sancto Filioque nova a se differentiarum numerositate distantibus, unitas dissipatur: praesertim cum substantialem esse pateat differentiam, quam iste conatur inducere. Porro autem Spiritu sancto a Patris Filiique substantia recedente, non Trinitas remanet, sed dualitas. Neque enim dignum est in Trinitate admitti personam, quae nil habeat in substantia commune cum reliquis. Desinat ergo Spiritus sancti processionem a Patris Filiique substantia separare; ne duplici impietate numerum et Trinitati minuat, et tribuat Unitati: quod utrumque fides abnuit christiana. Et ne de re tanta solis videar humanis inniti rationibus, legat epistolam Hieronymi ad Avitum: et certe videbit inter caeteras quas redarguit Origenis blasphemias, etiam hoc cum detestantem quod dixerit, Spiritum sanctum de substantia Patris non esse. Beatus Athanasius in libro de unita Trinitate ita loquitur: «Solum Deum ubi memoratus sum, non solam personam Patris indicavi: quia Filium et Spiritum sanctum de hac ipsa sola substantia Patris esse non abnegavi.» Hoc Athanasius.

Capítulo I

Ademais, se é verdade que o Filho é da substância do Pai e que o Espírito Santo não o é, segue-se necessariamente que diferem um do outro, não só porque o primeiro é gerado e o outro não o é, mas também porque um é da substância do Pai e o outro não o é; ora, nunca a Igreja Católica conheceu esta última diferença. Se a admitirmos, em que se torna a Trindade, em que se torna a unidade? Se, com efeito, segundo sua opinião, o Filho e o Espírito Santo têm várias diferenças entre si, e sobretudo se têm uma diferença substancial, como ele se esforça por estabelecer, deixa de haver unidade; por outro lado, se se despoja o Espírito Santo da substância do Pai e do Filho, já tampouco haverá Trindade, mas dualidade. Não é conveniente, com efeito, admitir na Trindade uma pessoa que, em sua substância, não tenha nada em comum com as outras duas. Que ele cesse, pois, de separar da substância do Pai e do Filho o Espírito Santo, que procede de um e de outro, se não quer, por dupla impiedade, despojar a Trindade e atribuir à unidade um número que as destrói, duplo resultado que a fé católica igualmente reprova. Mas, não querendo parecer apoiar-me em tal matéria apenas em raciocínios humanos, convido-vos a ler uma carta de São Jerônimo a Avitus (Hier., tom. I, Epist. 59), onde, entre as blasfêmias de Orígenes que ele refuta, abomina aquela pela qual se sustenta que o Espírito Santo não é consubstancial ao Pai. Aconselho-vos igualmente a ler o livro de Santo Atanásio intitulado *Da Unidade da Trindade*; eis como este Padre se expressa: "Quando falo de um só Deus, não expresso apenas a Pessoa do Pai, dado que não nego que seu Filho e o Espírito Santo sejam da única e mesma substância do Pai" (Athan., *Liv. de Unit. Trin.*).

CAPUT II

In Trinitate non esse admittendam ullam disparitatem, sed omnimodam aequalitatem

4. Videt Sanctitas vestra, quomodo isto non disputante, sed dementante, et Trinitas non cohaeret, et Unitas pendet; nec istud sane absque injuria majestatis. Quidquid namque illud est quod Deus sit, id sine dubio est, quo non possit majus aliquid cogitari. Si ergo in hac unica et summa majestate juxta considerationem personarum vel parum aliquid claudicare recipimus, dum quod uni plus datur, alteri minuitur; minus profecto est totum ab eo, quo nihil majus valeat cogitari. Majus enim sine dubio est quod totum maximum est, quam quod ex parte. Ille vero digne pro sua possibilitate divinam aestimat magnificentiam, qui nil in ea cogitat dispar, ubi est totum summum; nil distans, ubi totum est unum; nil hians, ubi totum est integrum; nil denique imperfectum vel egens, ubi totum est totum. Totum nempe est Pater, quod Pater et Filius et Spiritus sanctus; totum Filius, quod ipse et Pater et Spiritus sanctus; totum Spiritus sanctus, quod et ipse et Pater et Filius. Et totum, unum est totum, nec superabundans in tribus, nec imminutum in singulis. Nec enim verum summumque bonum, quod sunt, inter se particulariter dividunt: quoniam nec participaliter id possident, sed hoc ipsum essentialiter sunt. Nam quod alter ex altero, vel alter ad alterum veracissime dicitur, personarum sane designatio est, non unitatis divisio. Licet namque in hac ineffabili et incomprehensibili Deitatis essentia, alter et alter (id quidem requirentibus proprietatibus personarum) sobrie catholiceque dicatur; non tamen ibi est alterum, et alterum, sed simplex unum: ut nec praejudicium faciat Unitati Trinitatis confessio; nec proprietatum sit exclusio, vera assertio Unitatis. Tam longe proinde fiat a sensibus nostris, quam est et a regula veritatis

CAPÍTULO II

Não se pode admitir diferença nem desigualdade de espécie alguma na Trindade

4. Vede, Vossa Santidade, como as ideias loucas desse visionário destroem a Trindade, dividem a unidade e desonram a grandeza de Deus. Porque, como quer que seja Deus, não se pode duvidar que seja o ente mais perfeito que se possa conceber. Se pois se admite a menor imperfeição nesta única e soberana majestade considerada em suas Pessoas, se se subtrai a uma delas o que se confere a outra, o todo torna-se evidentemente menos perfeito que o que se pode conceber de mais perfeito, porque um todo infinitamente perfeito por todos os aspectos é mais perfeito que o que não o é senão por certo aspecto. Aquele que tenha uma justa ideia da grandeza de Deus, enquanto é capaz de concebê-Lo, que não imagine nada de desigual ali onde tudo é supremo; nada de dividido ali onde tudo é uno; nada de defeituoso ali onde tudo é inteiro; nada de imperfeito, nada a que falte algo, ali onde tudo é tudo. O Pai é tudo, assim como o Pai, o Filho e o Espírito Santo são tudo. O Filho é tudo, assim como o Pai e o Espírito Santo são tudo; o Espírito Santo é tudo, assim como o Pai e o Filho são tudo. E este tudo não é senão uno nas três Pessoas sem divisão nem diminuição. Estas três Pessoas são o verdadeiro e soberano bem, mas este bem não se divide entre elas, uma vez que elas são este bem não por participação, mas por essência. E, quando se diz com muita verdade que uma tem relação com a outra, que uma é produzida pela outra, assinale-se bem que as Pessoas são diversas, mas não se divide a unidade de sua natureza. Se, falando da essência de Deus, que não se pode compreender nem expressar, a fé e a religião nos obrigam a dizer que uma Pessoa não é a outra por causa de suas propriedades pessoais, não é assim, no entanto, porque sejam de natureza diferente. Trata-se de um ente simples e único, de modo que crer na Trindade não é negar a unidade, e confessar a unidade não é destruir as propriedades das Pessoas. Além

Caput II

exsecranda illa de genere et specie non similitudo, sed dissimilitudo; et nihilominus illa de aere aereoque sigillo: quoniam cum genus quidem et species, quod ad se invicem sunt, alterum superius, altera inferior sit, Deus autem unus sit; nunquam bene profecto conveniet tantae aequalitati, et tantae disparitati. Et rursum de aere, et quodam aere, quod est aereum sigillum, quoniam quod inde in eamdem usurpatur similitudinis rationem, simile est huic, idem judicium. Cum enim species, ut dixi, minor sit et inferior genere, absit ut hanc in Patre et Filio diversitatem cogitemus; absit ut huic acquiescamus dicenti, hoc esse Filium ad Patrem, quod speciem ad genus, quod hominem ad animal, quod aereum sigillum ad aes, quod aliquam potentiam ad potentiam. Sunt quippe cuncta haec, mutua suae connexione naturae, ad se invicem superiora et inferiora: et ob hoc nulla prorsus admittenda similitudo ex his ad illud, ubi nihil est inaequale, nihil dissimile. Videtis de quanta vel imperitia, vel impietate descendat harum adinventio similitudinum.

Capítulo II

disso, longe de nós, como em verdade o estão, essas comparações execráveis, tão contrárias à verdade, e que se poderiam mais justamente chamar dessemelhanças, tiradas do gênero e da espécie, do metal e do selo. Com efeito, o gênero é superior à espécie, e diferem entre si por suas relações recíprocas, enquanto Deus é único; não poderia, pois, haver nenhum traço de semelhança entre uma igualdade tão perfeita e uma desproporção tão grande. É preciso dizer o mesmo da outra comparação, do bronze em geral e do pedaço de bronze em particular de que se compõe o selo. Sendo a espécie inferior ao gênero, como eu disse mais acima, devemos guardar-nos de pensar que há a mesma diferença entre o Filho e o Pai. Tampouco digamos, como tal doutor, que o Filho é com respeito ao Pai o que a espécie é com respeito ao gênero, o homem com respeito ao animal, o selo com respeito ao metal de que se compõe, certo poder com respeito ao poder absoluto. Todas essas coisas têm entre si uma relação natural que as subordina umas às outras, e por conseguinte não têm nenhuma proporção com um ente que não tem nada de dessemelhante nem de desigual. Vede como é preciso ser ímpio ou ignorante para servir-se de tais comparações.

CAPUT III

Absurdum dogma Abaelardi, nomina absoluta et essentialia uni personae proprie et specialiter attribuentis, oppugnat

5. Adhuc advertite clarius quid sentiat, doceat, scribat. Dicit proprie et specialiter ad Patrem potentiam, ad Filium sapientiam pertinere: quod quidem falsum. Nam et Pater sapientia, et Filius potentia verissime sunt, sanissimeque dicuntur: et quod est commune amborum, non erit proprium singulorum. Alia illa sunt profecto vocabula, quae non ad seipsos dicuntur, sed ad alterutrum: et ideo est cuique suum, et non commune cum altero. Nam qui Pater est, Filius non est; et qui Filius est, Pater non est: quoniam non quod ad se, sed quod ad Filium Pater est, Patris nomine designatur; et item nomine Filii, non quod ad se Filius, sed quod est ad Patrem, exprimitur. Non sic potentia, non sic sapientia, neque alia multa, quae ad se dicuntur: et Pater et Filius non singulariter, alter respectu alterius. «Non,» inquit, «sed ad proprietatem personae Patris proprie vel specialiter invenimus omnipotentiam attinere, quod non solum cum caeteris duabus personis aeque omnia efficere potest, verum etiam ipse solus a se, non ab alio existere habet: et sicut habet ex se existere, ita etiam ex se habet posse.» (ABAELARDI Theologiae libro I, pag. 990.) O alterum Aristotelem! An non eadem ratione, si hoc ratio esset, et sapientia et benignitas proprie pertinerent ad Patrem: cum et sapere, et benignum esse, aeque a se Pater, et non ab alio habeat, quemadmodum et esse, et posse? Quod si non abnuit (nec enim de ratione potest), quid, quaeso, facturus est de illa nobili sua partitione, in qua ut Patri potentiam, sic Filio sapientiam, sic Spiritui sancto benignitatem proprie ac specialiter assignavit? Non enim una et eadem res proprie poterit convenire duobus, hoc est, ut cuique propria

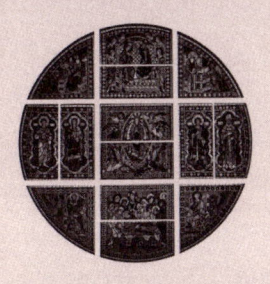

CAPÍTULO III

Doutrina absurda de Abelardo que atribui propriamente e especificamente a uma pessoa nomes absolutos e essenciais; refutação dessa doutrina

5. Mas considerai ainda o que ele pensa, o que ele ensina e o que ele escreve. Ele diz que o poder pertence ao Pai e a sabedoria ao Filho, de maneira própria e específica. Ora, isso é falso. Com efeito, é muito verdadeiro e perfeitamente ortodoxo dizer que o Pai é a sabedoria, e o Filho o poder; mas o que é comum aos dois não poderia ser próprio de um. Nomes absolutos, ao contrário dos nomes de relações, não expressam o que uma Pessoa é com respeito a outra; eles são, com efeito, próprios de cada Pessoa e incomunicáveis de uma a outra. O Pai não é o Filho, e o Filho não é o Pai; porque se designa pelo nome de Pai o que ele é não em si mesmo, mas o que é com respeito ao Filho; e pelo nome de Filho não o que este último é em si, mas o que é com respeito ao Pai. Não assim quanto ao nome absoluto de poder, ao de sabedoria e ao de outros atributos; o de Pai e o de Filho não são próprios do Pai e do Filho, senão que expressam uma relação pessoal: "Isso é verdade", diz ele, "mas para mim a onipotência é como a propriedade do Pai, porque não somente ele é todo-poderoso como as duas outras Pessoas, mas porque, ademais, ele é o único que tem o ser de si mesmo, não de outro, de modo que é o princípio tanto do poder como de seu ser" (Abelardo, *Teologia*, liv. I, p. 990). Oh, segundo Aristóteles! Se essa razão é válida, não provaria ela também que a sabedoria e a bondade são próprias do Pai porque este não tem menos de si mesmo a sabedoria e a bondade que o ser e o poder? Se ele convém com isso, como é forçado a fazer por seu próprio raciocínio, em que se torna, vo-lo pergunto, essa bela divisão pela qual atribui o poder ao Pai, a sabedoria ao Filho, a bondade ao Espírito Santo, de maneira própria e particular a cada um? É impossível, com efeito, que uma mesma coisa seja comum a duas pessoas e própria de cada uma.

sit. Eligat quod vult: aut det sapientiam Filio, et tollat eam Patri; aut Patri tribuat, et auferat Filio; et rursum benignitatem aut Spiritui sancto sine Patre, aut Patri sine Spiritu sancto assignet: aut certe desinat nomina communia propria facere, et Patri, quoniam a seipso habet potentiam, non ideo tamen audeat concedere propriam: ne et benignitatem simul et sapientiam, quas a se nihilo minus habet, identidem proprias ipsi sua ratione assignare cogatur.

6. Sed exspectemus adhuc, et videamus, quam theorice noster theologus invisibilia Dei contempletur. Dicit, ut dixi, proprie omnipotentiam pertinere ad Patrem; atque hanc, ut sit integra et perfecta, in gerendo et discernendo constituit. Porro Filio, ut jam dictum est, assignat sapientiam, ipsamque non simpliciter quidem potentiam, sed quamdam in Deo potentiam esse definit, id est potentiam tantum discernendi. Forte timet injuriam facere Patri, si tantum tribuat Filio, quantum et ipsi: et cui non audet potentiam dare integram, concedit dimidiam. Et quod dicit, manifestis declarat exemplis, asserens potentiam discernendi, quae est Filius, ita quamdam esse potentiam, quemadmodum homo quoddam est animal, et sigillum aereum quoddam est aes: atque hoc esse potentiam discernendi, ad gerendi discernendique potentiam, id est Filium ad Patrem, quod homo ad animal est, quod aereum sigillum ad aes. «Sicut enim,» inquit, «ex eo quod est aereum sigillum, exigit necessario ut aes sit; et ex eo quod est homo, ut animal sit, sed non e converso: ita divina sapientia, quae est potentia discernendi, exigit quod sit divina potentia, sed non e converso (ABAELARDI Theologiae lib. II, pag. 1083).» Quid igitur? vis ut juxta tuam similitudinem, ad instar praecedentium, etiam ex hoc quod Filius est, exigat ut Pater sit; hoc est, ut qui Filius est, Pater sit, quanquam non e converso! Si hoc dicis, haereticus es: si non dicis, vacat similitudo.

7. Ad quid enim tibi ipsam tanto circuitu de longe positis rebus, et minus convenientibus emendicas, tanto labore colligis, tanta inculcas inani multiplicitate verborum, tantis effers laudibus, si non facit ad quod adducitur, ut videlicet membra ad membra congruis proportionibus reducantur! 1060B Nonne hoc opus, hic labor est, ut per ipsam nos doceas eam, quae est inter Patrem et Filium, habitudinem! Tenemus autem te docente ad hominis positionem poni animal, sed non e converso

Que ele escolha; é preciso que recuse a sabedoria ao Pai para atribuí-la ao Filho, ou que a tire do Filho para dá-la ao Pai; que conceda a bondade ao Espírito Santo tirando-a do Pai, ou que a dê ao Pai tirando-a do Espírito Santo; ou é preciso que deixe de tornar-lhes próprios nomes que lhes são comuns e de atribuir o poder em particular ao Pai em razão de ele não tê-lo senão de si mesmo, por receio de ser obrigado por seu raciocínio a atribuir-lhe igualmente e propriamente a sabedoria e a bondade, porque ele os tem igualmente de si mesmo.

6. Mas escutemos ainda a nosso teólogo e vejamos sua teoria na contemplação dos mistérios divinos. Após ter dito que a onipotência é própria do Pai, como assinalei mais acima, ele fá-la consistir na plenitude e na perfeição de reger e de discernir; depois diz que a sabedoria é própria do Filho e define-a não simplesmente como um poder, mas como certo poder, ou seja, o poder de discernir. Talvez receie faltar com respeito ao Pai por conferir tanto ao Filho quanto a ele, e, não ousando dar ao Filho o poder inteiro, conceda-lhe apenas metade. Ele explica seu pensamento por meio de exemplos, e diz que o poder de discernir, que não é outro senão o Filho, é uma espécie de poder, assim como o homem é uma espécie de animal, e o selo de bronze um pedaço de bronze; e que o poder de discernir o é com relação ao de reger e de discernir, ou seja, o Filho é com relação ao Pai o que o homem é com relação ao animal, e o selo de bronze com relação ao bronze em geral. "Igualmente", diz ele, "assim como o selo é de bronze, segue-se que é bronze, e que se é homem se segue que é animal, sem que, porém, a recíproca seja verdadeira; assim, sendo a sabedoria em Deus o poder de discernir, segue-se que ela própria é um poder divino, sem que a proposição recíproca seja verdadeira por isso." Quer dizer então que, seguindo teu paralelo, dizes tu que o Filho enquanto Filho é necessariamente o Pai, e que um é o que é o outro, apesar de a proposição contrária ser falsa? Se tu te expressas assim, és herético, e, se não dizes isso, tua comparação não vale nada.

7. Mas por que hás de torturar teu espírito e ir buscar tua comparação tão longe? Por que tantas voltas para extrair coisas tão desproporcionais? Por que inculcá-la por uma multidão de expressões vãs, e apresentá-la como uma maravilha, se não tem nenhuma relação com o objeto a que se aplica? O ponto capital não é mostrar-nos pela aplicação que fazes dela que relação há entre o Pai e o Filho? Segundo tu, quem diz homem supõe animal, mas não se pode inverter a proposição, porque nas regras de tua lógica a espécie supõe o gênero, enquanto o gênero não

Caput III

secundum regulam dialecticae tuae: qua non quidem posito genere ponitur species, sed posita specie ponitur genus. Cum ergo Patrem ad genus, Filium ad speciem referas; non id ratio similitudinis postulat, ut similiter posito Filio, Patrem poni ostendas, et non converti? ut quomodo qui homo est, necessario animal est, sed non convertitur; ita quoque qui Filius est necessario Pater sit, et aeque non convertatur. Sed contradicit tibi in hoc catholica fides, quae profecto utrumque recusat, tam Patrem videlicet esse qui Filius est, quam esse Filium qui Pater est. Nam alius procul dubio Pater, atque alius Filius: quamvis non aliud Pater, quam Filius. Nam per Alius et Aliud, novit pietas fidei caute inter personarum proprietates et individuam essentiae unitatem discernere; et medium iter tenens, regia incedere via: ut nec declinet ad dexteram, confundendo personas; nec respiciat ad sinistram, substantiam dividendo. Quod si per simplex esse dicas vere consequi ut si Filius est, necessario Pater sit; nil te juvat, cum ratio relationis necessario exigat, ut convertatur, et eadem veritas comitetur conversam: quod non congruit adductae de genere et specie, vel de aere, aereoque sigillo similitudini. Neque enim, sicut per simplex esse duntaxat verissime dicitur. Si Pater est, Filius est; et si Filius est, Pater est: ita etiam possumus inter hominem et animal, sive inter aereum sigillum et aes, in veritate convertibilem texere consequentiam. Nam etsi verum sit dicere, Si homo est, animal est: non tamen vera est conversa, qua dicitur, Si animal est, homo est. Et item si sigillum aereum est, necessario sequitur ut aes sit; non tamen si aes sit, necessario sequitur ut sigillum aereum sit. Sed jam pergamus ad reliqua.

8. En juxta istum habemus omnipotentiam in Patre, quamdam potentiam in Filio: dicat nobis etiam de Spiritu sancto quid sentiat. «Benignitas ipsa,» inquit, «quae hoc nomine quod est Spiritus sanctus demonstratur, non est in Deo potentia, sive sapientia (ABAELARDI Theologiae libro II, pag. 1085).» Videbam. Satanam tanquam fulgur cadentem de coelo (Luc. X, 18). Sic debet cadere, qui ambulat in magnis et mirabilibus super se. Vides, Pater sancte, quas scalas, imo quae praecipitia iste sibi paraverit ad ruinam. Omnipotentiam, semipotentiam, nullam potentiam. Ipso auditu horreo, et ipsum horrorem puto sufficere ad refellendum. Verumtamen testimonium pono, quod turbato interim

supõe necessariamente a espécie. Assim, se tua comparação é justa, porque relacionas o Pai ao gênero e o Filho à espécie, segue-se, segundo tu, que não se pode supor o Filho sem supor o Pai, sendo porém falsa a proposição contrária. Porque, assim como o homem é necessariamente animal, sem que a proposição possa inverter-se, assim o Filho é necessariamente o Pai sem que a recíproca seja verdadeira. Mas a fé ortodoxa rejeita teu sentir; ela mostra-nos, com efeito, que o Pai não é o Filho e que o Filho não é o Pai; que um é o Pai, outro o Filho, ainda que o Pai não seja de essência diversa que a do Filho; porque, quando a fé se serve destas expressões, outra pessoa e outra substância, o faz para distinguir as propriedades das Pessoas e a unidade indivisível de sua essência. Toma o meio da estrada direta e real, sem desviar-se à direita confundindo as Pessoas nem desviar-se à esquerda dividindo sua essência. Se pretendes, porque Deus é um ente simples, que, dado que o Filho é, é preciso que o Pai seja, nem por isso teu raciocínio se torna mais justo, porque o próprio de uma proposição relativa é que possa converter-se em proposição recíproca igualmente verdadeira; ora, tal não se pode dar com tua comparação tirada do gênero e da espécie, do metal e do selo. É bem verdade que, se há Pai, há Filho, e que, se há Filho, há Pai, por causa da simplicidade do ser de um e de outro; mas não se dá o mesmo com os pares de termos *homem* e *animal* nem com o de *bronze* e *selo de bronze*, dado que não se pode converter a proposição em que se encontram numa recíproca que seja verdadeira. Com efeito, se é verdade que, existindo o homem, se segue que o animal também existe, não o é dizer que, reciprocamente, quando o animal existe, o homem igualmente existe. Do mesmo modo, se há um selo de bronze, segue-se perfeitamente que existe bronze; mas de que exista bronze não se pode concluir que haja um selo desse metal. Passemos, porém, a outros pontos.

8. Acabamos de ver que, segundo tal doutor, o Pai é onipotência, e o Filho não é senão potência; vejamos o que pensa do Espírito Santo. A bondade por excelência, diz ele, e por esse nome designa o Espírito Santo, não é em Deus poder nem sabedoria. "Vi Satanás cair do céu como um raio" (Lc 10,18); assim deve ser a queda de um homem que se eleva demasiado alto em seus pensamentos e se compraz em coisas que ultrapassam seu alcance. Vede, santíssimo Pai, a que alturas ele se eleva, ou antes, em que abismos se precipita. Uma onipotência, uma semipotência, um nada de potência. Esses simples termos me fazem fremir de horror; não é preciso mais para mostrar sua falsidade. Não obstante, por mais perturbado que eu esteja, vem-me à

Caput III

occurrit ad removendam Spiritus sancti injuriam. In Isaia legitur, *Spiritus sapientiae, Spiritus fortitudinis* (Isa. XI, 2); per quod utique satis aperte istius audacia, etsi non comprimitur, convincitur tamen. O lingua magniloqua! Esto ut injuria Filii vel Patris remittatur tibi: numquid blasphemia Spiritus? Manet angelus Domini qui secet te medium: dixisti enim, «Non est Spiritus sanctus in Deo potentia, sive sapientia.» Ita pes superbiae ruit cum irruit.

Capítulo III

memória uma passagem que vou relatar aqui para rechaçar a injúria feita ao Espírito Santo. Ele é chamado por Isaías: "Um Espírito de sabedoria e de força"; não me é preciso mais não para reprimir, mas sequer para confundir a audácia desse doutor. Oh, língua jactanciosa! Ainda que a injúria que fazes ao Pai e ao Filho te seja remida, podes esperar o perdão de tua blasfêmia contra o Espírito Santo? O anjo do Senhor espera e exterminar-te-á; porque disseste: "O Espírito Santo não é em Deus poder nem sabedoria". Eis como o orgulhoso não se eleva senão para cair de mais alto.

CAPUT IV

Refellit definitionem fidei, qua dicit Abaelardus fidem esse aestimationem

9. Nec mirum si homo, qui non curat quae dicat, irruens in arcana fidei, thesauros absconditos pietatis tam irreverenter invadit atque discerpit; cum de ipsa pietate fidei nec pie, nec fideliter sentiat. Denique in primo limine Theologiae, vel potius Stultilogiae suae, fidem definit aestimationem (Theologiae libro I, pagg. 977 et 1061). Quasi cuique in ea sentire et loqui quae libeat liceat; aut pendeant sub incerto in vagis ac variis opinionibus nostrae fidei sacramenta, et non magis certa veritate subsistant. Nonne si fluctuat fides, inanis est et spes nostra? Stulti ergo martyres nostri, sustinentes tam acerba propter incerta, nec dubitantes sub dubio remunerationis praemio durum per exitum diuturnum inire exsilium. Sed absit ut putemus in fide vel spe nostra aliquid, ut is putat, dubia aestimatione pendulum; et non magis totum quod in ea est, certa ac solida veritate subnixum, oraculis et miraculis divinitus persuasum, stabilitum et consecratum partu Virginis, sanguine Redemptoris, gloria resurgentis. Testimonia ista credibilia facta sunt nimis. Si quo minus, ipse postremo Spiritus reddit testimonium spiritui nostro, quod filii Dei sumus. Quomodo ergo fidem quis audet dicere aestimationem, nisi qui Spiritum istum nondum accepit, quive Evangelium aut ignoret, aut fabulam putet? *Scio cui credidi, et certus sum*, clamat Apostolus (II Tim. I, 12): et tu mihi subsibilas, «Fides est aestimatio?» Tu mihi ambiguum garris, quo nihil est certius. Sed Augustinus aliter: «Fides,» ait, «non conjectando vel opinando habetur in corde in quo est, ab eo cujus est; sed certa scientia, acclamante conscientia.» Absit ergo, absit ut hos fines fides habeat christiana. Academicorum sint istae aestimationes,

CAPÍTULO IV

Abelardo havia definido a fé como uma estimativa, como uma opinião

9. Afinal, que há de espantoso em que um homem que se permite dizer tudo ouse lançar-se sobre os mistérios da fé, e pôr uma mão desrespeitosa e violenta sobre os tesouros secretos da piedade, ele, que fala da fé mesma de maneira tão contrária a toda a fé e a toda a piedade?! Desde as primeiras linhas de sua teologia, ou antes, de sua estultologia, ele define a fé como uma opinião, como se fosse lícito a cada um pensar e dizer o que bem entender, como se os mistérios de nossa fé dependessem do capricho do espírito humano, quando, ao contrário, se apoiam nos sólidos e inquebrantáveis fundamentos da verdade. Mas, se nossa fé é duvidosa, nossa esperança é vã, e nossos mártires são insensatos por ter sofrido milhares de tormentos por uma recompensa incerta e ter começado um exílio eterno por uma morte dolorosa, em vista de uma felicidade que não lhes estava assegurada. A Deus não lhe agrada que tenhamos tais ideias da fé e da esperança. O que a fé nos propõe para crer funda-se na verdade mesma, demonstrada pela revelação, assegurada pelos milagres, consagrada pela conceição da Virgem, selada pelo sangue do Salvador e confirmada por sua gloriosa ressurreição. Ora, tantos testemunhos são invencíveis; enfim, para um acréscimo de certeza, o Espírito Santo testemunha a nosso espírito que somos filhos de Deus. Depois disso, quem será bastante temerário para dizer que a fé não é mais que simples opinião, a não ser que não se tenha recebido ainda o Espírito Santo, que se ignore o Evangelho ou este seja visto como um tecido de fábulas? "Eu conheço", diz o Apóstolo, "eu conheço aquele em que creio e de que tenho plena certeza" (1Tm 1,12); e tu, tu vens murmurar a meus ouvidos que a fé é uma opinião, e propor-me como duvidoso o que há no mundo de mais certo! Santo Agostinho raciocina de todo diferentemente: "A fé", diz ele, "não é uma conjectura ou uma opinião que nasça em nossa alma em se-

quorum est dubitare de omnibus, scire nihil. Ego vero securus in Magistri Gentium sententiam pergo, et scio quoniam non confundar. Placet mihi, fateor, illius de fide definitio, etsi iste etiam ipsam latenter insimulet. *Fides est,* ait, *substantia rerum sperandarum, argumentum non apparentium* (Hebr. XI, 1). *Substantia,* inquit, *rerum sperandarum,* non inanium phantasia conjecturarum. Audis substantiam. Non licet tibi in fide putare, vel disputare pro libitu; non hac illacque vagari per inania opinionum, per devia errorum. Substantiae nomine aliquid 1062B tibi certum fixumque praefigitur: certis clauderis finibus, certis limitibus coarctaris. Non est enim fides aestimatio, sed certitudo.

10. Sed advertite caetera. Omitto quod dicit spiritum timoris Domini non fuisse in Domino; timorem Domini castum in futuro saeculo non futurum; post consecrationem panis et calicis, priora accidentia, quae remanent, pendere in aere; daemonum in nobis suggestiones contactu fieri lapidum et herbarum, prout illorum sagax malitia novit harum rerum vires diversas diversis incitandis et incendendis vitiis convenire; Spiritum sanctum esse animam mundi; mundum, juxta Platonem, tanto excellentius animal esse, quanto meliorem animam habet Spiritum sanctum. Ubi dum multum sudat, quomodo Platonem faciat christianum, se probat ethnicum. Haec, inquam, omnia, aliasque istiusmodi naenias ejus non paucas praetereo: venio ad graviora. Non quod vel ad ipsa cuncta respondeam; magis enim opus voluminibus esset: illa loquor quae tacere non possunt.

Capítulo IV

guida a nossas reflexões; é uma ciência certa aclamada pela consciência". Está-se pois longe, muito longe dos limites traçados por Abelardo para encerrar a fé cristã. Deixemos essas opiniões para os filósofos da Academia, que seguem o princípio de duvidar de tudo e de não estar certos de nada. Quanto a mim, coloco-me com inteira segurança ao lado do Doutor das nações, e com ele tenho certeza de que não me enganarei. Como me agrada, digo, sua definição da fé, conquanto Abelardo pareça desaprová-la indiretamente... "A fé", diz ele, "é a substância da esperança; é uma certeza a respeito do que não se vê" (Hb 11,1). Ela é pois a substância mesma das coisas que se devem esperar, não um tecido de coisas vãs e conjecturais. Tu escutaste-o, é a substância; portanto, não te é permitido pensar e disputar nas coisas de fé segundo teu capricho, nem te deixar levar para aqui e para ali, ao sabor de vãs opiniões, através dos caminhos não abertos do erro. A palavra *substância* indica algo fixo e seguro; encerra-o em fronteiras bem precisas e cinge seu espírito em limites certos. Enfim, a fé não é opinião, mas uma certeza.

10. Mas rogo-vos que considere o restante. Não trato aquelas proposições segundo as quais Nosso Senhor não teve o espírito de temor; o temor puro e casto não subsistirá no outro mundo; após a consagração do pão e do vinho as espécies que restam ainda subsistem no ar; os demônios servem-se das pedras e das ervas para produzir certas impressões em nossos sentidos e para despertar nossas paixões, graças ao fato de sua sutil malignidade ensiná-los a discernir nas coisas naturais uma virtude própria para excitá-las; o Espírito Santo é a alma do mundo, e por conseguinte o mundo, que é um animal segundo Platão, é um animal mais excelente porque tem por alma o próprio Espírito Santo. E a esse respeito, querendo fazer de Platão um cristão, ele próprio se mostra pagão. Não trato todos estes pontos, bem como muitos outros devaneios, para voltar-me para coisas muito mais importantes, conquanto não tenha intenção de responder a elas plenamente, porque isso exigiria grossos volumes; não falo senão do que não posso calar.

CAPUT V

Arguit Abaelardum, sua sensa aut somnia unanimi Patrum sententiae praeferentem; praesertim ubi dicit Christum non ideo incarnatum, ut hominem liberaret de potestate Satanae

11. Mysterium nostrae redemptionis, sicut in libro quodam Sententiarum ipsius, et item in quadam ejus expositione Epistolae ad Romanos legi, temerarius scrutator majestatis aggrediens, in ipso statim suae disputationis exordio, ecclesiastieorum doctorum unam omnium de hac re dicit esse sententiam, et ipsam ponit ac spernit, et gloriatur se habere meliorem: non veritus contra praeceptum Sapientis transgredi terminos antiquos, quos posuerunt patres nostri (Prov. XXII, 28). «Sciendum est,» ait, quod omnes doctores nostri post Apostolos in hoc conveniunt, quod diabolus dominium et1063A potestatem habebat super hominem, et jure eum possidebat: ideo scilicet quod homo ex libertate arbitrii, quam habebat, sponte diabolo consensit. Aiunt namque, quod si quis aliquem vicerit, victus jure victoris servus constituitur. Ideo,» inquit, «sicut dicunt doctores, hac necessitate incarnatus est Filius Dei, ut homo, qui aliter liberari non poterat, per mortem innocentis jure liberaretur a jugo diaboli. Sed, ut nobis videtur,» ait, «nec diabolus unquam jus aliquod in homine habuit, nisi forte Deo permittente, ut carcerarius: nec Filius Dei ut hominem liberaret, carnem assumpsit.» Quid in his verbis intolerabilius judicem, blasphemiam, an arrogantiam? quid damnabilius, temeritatem, an impietatem? An non justius os loquens talia fustibus tunderetur, quam rationibus refelleretur? Nonne omnium merito in se provocat manus, cujus manus contra omnes? Omnes, inquit, sic: sed non ego sic. Quid

CAPÍTULO V

São Bernardo censura a Abelardo o preferir suas opiniões e devaneios ao sentir unânime dos Padres; sobretudo quando pretende que Cristo não se encarnou para libertar o homem do poder do demônio

11. Esse temerário doutor vai até perscrutar os segredos de Deus mesmo, e ousa atacar o mistério de nossa redenção em seu *Livro das Sentenças* e em sua *Explicação da Epístola aos Romanos*; li esses dois tratados, nos quais ele não começa por expor, a respeito deste ponto, o sentir unânime dos Padres senão para rejeitá-lo em seguida, gabando-se de ter um melhor, e assim leva muito pouco em consideração estas palavras do Sábio: "Não ultrapasse os limites que seus pais puseram" (Prv 21,28). Deve-se saber, diz ele, que todos os nossos doutores, desde os Apóstolos, convêm em que o homem estava sob o império do demônio e lhe pertencia justamente, porque se entregara voluntariamente a ele, por um abuso de seu livre-arbítrio, em virtude da máxima segundo a qual o vencido se torna escravo do vencedor. É por essa razão, continua ele, que segundo esses mesmos doutores foi preciso que o Filho de Deus encarnasse, não podendo o homem culpado livrar-se do jugo do demônio senão pela morte do homem inocente. "Quanto a mim, porém", diz ele, "creio que o demônio nunca teve sobre o homem outro poder além do que lhe foi dado na qualidade de carcereiro, e creio também que o Filho de Deus não encarnou para libertá-lo." Que há de mais insuportável nessas palavras? A blasfêmia, o orgulho de quem as escreveu? É sua imprudência ou sua impiedade o que qualificaremos de mais criminoso? Uma boca que se permite falar assim não merecerá ser fechada a pauladas antes de ser reduzida ao silêncio por uma refutação em regra? Não devia todo o mundo levantar a mão contra ele, porque ele próprio ousa levantar-se contra todo o mundo? Todos, diz ele, são desse sentir, mas eu não o compartilho com eles. Qual é pois o seu? Que tem ele de melhor que os Padres? Que inventaste tu de tão sutil? Que nova

Caput V

ergo tu? quid melius affers? quid subtilius invenis? quid secretius tibi revelatum jactas, quod tot praeterierit sanctos, effugerit sapientes? Aquas furtivas et panes absconditos, puto, apponet nobis iste.

12. Dic tamen, dic quidquid illud est, quod tibi videtur, et nulli alteri. An quod Filius Dei non ut hominem liberaret, hominem induit? Hoc plane nemini, te excepto, videtur: tu videris ubi videris. Non enim hoc a sapiente, non a propheta, non ab apostolo, non denique ab ipso Domino accepisti. Magister Gentium accepit a Domino, quod et tradidit nobis (I Cor. XI, 23). Magister omnium suam doctrinam fatetur non esse suam: *Non enim,* ait, *a meipso loquor* (Joan. VII, 16; XIV, 10). Tu vero de tuo nobis tradis, et quod a nemine accepisti. Qui loquitur mendacium, de proprio loquitur (Joan. VIII, 44). Tibi proinde sint, quae tua sunt. Ego prophetas et apostolos audio, obedio Evangelio, sed non Evangelio secundum Petrum. Tu novum nobis condis Evangelium? Quintum Ecclesia evangelistam non recipit. Quid Lex, quid Prophetae, quid Apostoli, quid apostolici viri nobis aliud evangelizant, quam quod solus tu negas, Deum videlicet factum hominem, ut hominem liberaret? Et si angelus de coelo aliud nobis evangelizaverit, anathema sit.

13. Sed qui venerunt post apostolos, doctores non recipis, homo qui super omnes docentes te intellexisti. Denique non erubescis dicere, quod adversum te omnes sentiant, cum ab invicem non dissentiant. Frustra proinde illorum tibi fidem doctrinamque proponerem, quos jam proscripsisti: ad Prophetas te ducam. Loquitur sub typo Jerusalem ad populum acquisitionis, non propheta, sed in propheta, Dominus, dicens: *Salvabo te, et liberabo te, noli timere* (Soph. III, 16, 17). Quaeris a qua potestate? Non enim vis ut diabolus in hominem habeat, vel habuerit potestatem: fateor, nec ego. Non tamen idcirco non habet, quia ego et tu hoc nolumus. Hoc si non confiteris tu, nec cognoscis: cognoscunt et dicunt *qui redempti sunt a Domino, quos redemit de manu inimici.* Quod minime negares et tu, si non esses sub manu inimici. Non potes gratias agere cum redemptis, qui redemptus non es. Nam si redemptus esses, Redemptorem agnosceres, et non negares redemptionem. Nec quaerit redimi, qui se nescit captivum. Qui autem scierunt, *clamaverunt ad Dominum, et Dominus exaudivit eos, et redemit eos de manu inimici.* Et

CAPÍTULO V

revelação te jactas de ter que os Santos e os Sábios não tenham conhecido? Receio que ele não nos dê mais que água furtada e pão roubado.

12. Mas, como quer que seja, dize-nos, eu te peço, o que pensas e que nenhum outro pensou antes de ti. Que o Filho de Deus não se fez homem para redimir o homem? Estás absolutamente só com teu parecer. De onde o tiraste? Certamente nem do Sábio, nem de nenhum profeta, nem do Apóstolo, nem sobretudo do Senhor. O Doutor das nações não nos ensina senão o que ele mesmo aprendeu na escola do Senhor (1Cor 11,23), e o Doutor de todos os homens declara que sua doutrina não é sua doutrina, visto que, diz ele, "não falo de mim mesmo" (Jo 7,16-17; 14,10; e 8,44). Quanto a ti, porém, é do fundo de ti mesmo que falas, e o que nos ensinas não o aprendeste de ninguém. Ora, é próprio do mentiroso falar somente segundo ele mesmo; guarda pois para ti o que é de ti; quanto a mim, não quero escutar senão aos Profetas e aos Apóstolos; pretendo seguir apenas o Evangelho, mas não ao que Pedro Abelardo fabricou. A Igreja tampouco quer esse quinto evangelho. Que ensinam a lei, os Profetas, os Apóstolos e os homens apostólicos? Precisamente, o que só tu rejeitas, a saber, que Deus se fez homem para salvar o homem. Se algum anjo do céu viesse anunciar-me outro Evangelho, seja anátema.

13. Mas, como excedes em luzes os que foram teus mestres, rejeitas o sentir de todos os doutores com que a Igreja contou desde os Apóstolos, acrescentando com audácia até que, se eles pensam todos igualmente, tu, tu não pensas como eles. Após semelhante declaração, é em vão que eu te proporia a fé e a doutrina deles, porque tu os proscreveste antecipadamente; mas citar-te-ei os Profetas. Ora, um deles, ou antes, o Senhor mesmo por sua boca, tem esta linguagem para com o povo que ele devia conquistar e de que Jerusalém era figura: "Eu salvar-te-ei, eu livrar-te-ei, não temas" (Sof 3,16). De que poder, perguntas-me tu, o livraria ele? Porque tu pretendes que o demônio não tem e nunca teve poder sobre o homem, o que, como os Padres, eu não te concedo. Ademais, teria ele menos poder porque eu dissesse contigo que, com efeito, não tem nenhum? É em vão que negas esse poder e te recusas a reconhecê-lo, porque ele é afirmado e reconhecido pelos "que o Senhor redimiu e salvou das mãos do inimigo" (Sl 106,2); e tu mesmo o reconhecerias como eles, se não estivesses ainda sob sua mão; mas, não sendo do número dos redimidos, tu não falas como eles; se o fosses, conhecerias seu Redentor e reconhecerias que foste redimido. Quem não sabe que é escravo não suspira pela liberdade. Mas os que sentiram o peso de sua servidão clamaram ao Senhor, e o Senhor atendeu-os e livrou-os das mãos de seu inimigo. No

Caput V

ut intelligas hunc inimicum qui sit, *Quos redemit,* ait, *de manu inimici, de regionibus congregavit eos* (Psal. CVI, 2, 6). Sed primum quidem agnosce hunc congregatorem, de Caiphas prophetat in Evangelio, quia Jesus moreretur pro gente. Et qui narrat, sequitur dicens: *Non tantum pro gente; sed ut filios Dei, qui erunt dispersi, congregaret in unum* (Joan XI, 51, 52). Quo erant dispersi? In omnes regiones. Ergo quos redemit, de regionibus congregavit eos. Non congregaret, nisi redimeret. Erant enim non solum dispersi, sed et captivi. Redemit, et congregavit: *redemit* autem *de manu inimici.*Non dicit, inimicorum; sed, *inimici.* Inimicus unus, regiones multae. Siquidem non de regione, sed *de regionibus congregavit eos, a solis ortu et occasu, ab aquilone et mari* (Psal. CVI, 3). Quis iste unus tam potens dominus, qui non uni praefuit regioni, sed omnibus? Non alius, ut arbitror, quam ille, qui ab alio propheta dicitur absorbere fluvium, id est genus humanum, et non mirari: habere autem fiduciam, quod et Jordanis, hoc est electio ipsa, influat in os ejus (Job XL, 18). Beati qui sic influunt ut effluant, qui sic intrant ut exeant.

14. Sed quid? Nondum forte credis Prophetis, sic sibi concinentibus de diaboli potestate in hominem. Veni mecum et ad Apostolos. Dixisti nempe te non sentire cum illis qui post Apostolos venerunt. Assentias vel Apostolis, si forte et tibi contingat quod unus eorum loquitur de quibusdam: *Nequando,* inquiens, *det illis Deus poenitentiam ad cognoscendam veritatem, ut resipiscant a diaboli laqueis, a quo captivi tenentur ad ipsius voluntatem* (II Tim. XXV, 26). Paulus est iste, qui homines a diabolo captivos teneri asserit ad ejus voluntatem. Audis *ad ejus voluntatem,*et negas potestatem? Si et Paulo non credis, veni jam ad ipsum Dominum; si forte audias, et quiescas. Nempe ab ipso appellatur *Princeps hujus mundi* (Joan. XIV, 30), et*fortis armatus* (Luc. XI, 21), possessorque vasorum (Matth. XII, 29): et dicis eum non habere potestatem in homines? Nisi tu aliud putas hoc loco intelligi atrium, quam mundum; vasa, quam homines. Quod si atrium diaboli, mundus erat; et homines vasa ejus; quomodo non dominabatur hominibus? ait item Dominus capientibus se: *Haec est hora vestra, et potestas tenebrarum* (Luc. XXII, 53). Potestas ista non latuit illum

CAPÍTULO V

entanto, para fazer-nos compreender de que inimigo nos livrou, o Profeta acrescenta: "Os que ele redimiu, reuniu-os de diversos países para deles fazer apenas um só povo" (Sl 106,6). Começa pois por reconhecer que aquele que assim os reuniu é o mesmo Jesus sobre o qual profetizou Caifás no Evangelho, dizendo que devia morrer por seu povo. Ora, aquele que nos relata esta profecia prossegue, dizendo: ele morreu "não só por seu povo, mas também para reunir todos os filhos de Deus que estavam dispersos, a fim de formar um só povo" (Jo 11,51-52). Onde estavam dispersos? Por todo o universo. Ele pois reuniu de todos os países os que ele havia redimido, e não os teria reunido se não os houvesse redimido, porque não só estavam dispersos, mas também eram cativos; por isso os redimiu primeiro, e depois os reuniu. Redimiu-os não das mãos de seus inimigos, diz o Evangelista, mas das mãos "do seu inimigo", dado que, se estavam dispersos por todos os países, não tinham, porém, senão um só e único inimigo. Por isso não os reuniu de uma só região, mas de várias regiões, do Levante e do Poente, das regiões do Aquilão e das do mar. Quem é, pois, esse conquistador único e poderoso que estende sua dominação não sobre um povo, mas sobre todas as regiões do mundo? É sem dúvida aquele que nos é representado por um profeta "engolindo um rio" (Jó 40,18), ou seja, o gênero humano inteiro, e "devendo beber todo o Jordão", ou seja, todos os eleitos. Felizes aqueles que ele engolir assim para devolvê-los em seguida a seu curso, e aqueles que entrarem nele para dele sair um dia.

14. Mas talvez tu te recuses também a dar fé aos profetas, quando estão todos de acordo quanto ao poder do diabo sobre o homem. Pois bem, voltemo-nos agora para os Apóstolos, porque rejeitas o testemunho dos Padres que os seguiram, e, se te ordenas a seu parecer, talvez te aconteça o que um deles deseja para certos pecadores, dizendo: "Que Deus os converta, lhes manifeste sua verdade e os livre dos laços do demônio que os têm cativos e os conduz a seu bel-prazer" (1Tm 2,25). Eis a linguagem do Apóstolo; ele declara que o demônio governa os homens a seu bel-prazer, e tu pretendes o contrário. Mas, se não aderes ao testemunho de Paulo, volta-te ao menos para o do Senhor. Ora, ele o chama "o muito armado e príncipe deste mundo" (Jo 14,30), o dono dos móveis que estão em sua casa. Como, depois disso, imaginar que o demônio não tem nenhum poder sobre os homens? A não ser que sustentes que o mundo não é figurado por esta casa, nem os homens pelos vasos de que é provida. Mas se a casa do diabo não é outra senão o mundo inteiro, se os móveis que a enchem não designam outra coisa senão os homens, como negar o poder do diabo sobre os homens? Ademais, o Senhor diz ainda aos que o vêm prender:

Caput V

qui dicebat: *Qui eruit nos de potestate tenebrarum, et transtulit in regnum Filii claritatis suae* (Coloss. I, 13). Hanc ergo Dominus ne in se quidem negavit diaboli potestatem, sicut nec Pilati, qui membrum erat diaboli. Ait siquidem: *Non haberes potestatem in me ullam, nisi data tibi fuisset desuper* (Joan. XIX, 11). Quod si in viride lignum in tantum grassata est ista desuper data potestas, aridum quomodo non fuit ausa contingere? Nec injustam puto iste causabitur potestatem datam desuper. Discat ergo diabolum non solum potestatem, sed et justam habuisse in homines: ut consequenter et hoc videat, venisse utique in carne Dei Filium propter liberandos homines. Caeterum etsi justam dicimus diaboli potestatem, non tamen et voluntatem. Unde non diabolus qui invasit; non homo qui meruit: sed justus Dominus qui exposuit. Non enim a potestate, sed a voluntate justus injustusve quis dicitur. Hoc ergo diaboli quoddam in hominem jus, etsi non jure acquisitum, sed nequiter usurpatum; juste tamen permissum. Sic itaque homo juste captivus tenebatur, ut tamen nec in homine, nec in diabolo illa esset justitia, sed in Deo.

CAPÍTULO V

"Esta é vossa hora e o tempo do poder das trevas" (Lc 22,53), poder que o Apóstolo também reconhece por seu lado, quando diz: "Foi Deus quem vos livrou do poder das trevas e vos transportou para o glorioso império de seu Filho" (Col 1,13). Aliás, o Salvador reconheceu que o demônio tinha império mesmo sobre ele, assim como sobre Pilatos, que não era senão instrumento do diabo; disse, com efeito: "Não terias nenhum poder sobre mim, se não o tivesses recebido do alto" (Jo 19,11). Se a madeira verde sentiu esse poder a tão alto ponto, como a madeira seca se subtrairia a ele? Ele não diz, estou certo, que esse poder seja injusto, porque vem do alto; é preciso pois reconhecer não só que o demônio tem império sobre os homens, mas também que esse império é justo, donde a conclusão de que não foi senão para libertar dele o homem que o Filho de Deus encarnou. De resto, quando digo que o poder do demônio sobre nós é justo, não digo que sua vontade o seja. O demônio usurpa esse poder, e o homem sujeita-se por si próprio a ele; ambos são criminosos; só Deus é justo ao submeter um ao poder do outro. Porque não é o poder, mas antes a vontade, o que nos torna justos ou injustos. Assim, essa espécie de poder que o demônio adquiriu sem justiça, que ele até usurpou por sua malícia, não deixa de ter-lhe sido atribuída com justiça. Mas, se era justo que o homem fosse escravo, a justiça não se encontrava nem de seu lado nem do lado do demônio: estava unicamente do lado de Deus.

CAPUT VI

In opere liberationis humanae non solum misericordiam, sed et justitiam relucere

15. Juste igitur homo addictus, sed misericorditer liberatus; sic tamen misericorditer, ut non defuerit justitia quaedam et in ipsa liberatione: quoniam hoc quoque fuit de misericordia liberantis, ut (quod congruebat remediis liberandi) justitia magis contra invasorem, quam potentia uteretur. Quid namque ex se agere poterat, ut semel amissam justitiam recuperaret homo servus peccati, vinctus diaboli? Assignata est ei proinde aliena, qui caruit sua; et ipsa sic est. Venit princeps hujus mundi, et in Salvatore non invenit quidquam: et cum nihilominus innocenti manus injecit, justissime quos tenebat amisit: quando is qui morti nihil debebat, accepta mortis injuria, jure illum, qui obnoxius erat, et mortis debito, et diaboli solvit, dominio. Qua enim justitia id secundo homo exigeretur? Homo siquidem qui debuit, homo qui solvit. Nam *si unus*, inquit, *pro omnibus mortuus est, ergo omnes mortui sunt* (II Cor. V, 14): ut videlicet satisfactio unius omnibus imputetur, sicut omnium peccata unus ille portavit; nec alter jam inveniatur qui forefecit, alter qui satisfecit: quia caput et corpus unus est Christus. Satisfecit ergo caput pro membris, Christus pro visceribus suis, quando juxta Evangelium Pauli, quo convincitur mendacium Petri, mortuus pro nobis *convivificavit nos sibi, donans nobis omnia delicta, delens quod adversum nos erat chirographum decreti, quod erat contrarium nobis; et ipsum tulit de medio, affigens illud cruci, exspolians principatus et potestates* (Coloss. II, 13, 14).

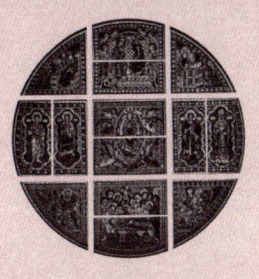

CAPÍTULO VI

Na obra de libertação do homem brilha não somente a misericórdia de Deus, mas também sua justiça

15. Se todavia a servidão do homem é um efeito da justiça, sua libertação é obra da misericórdia, e de uma misericórdia mesclada de justiça, porque tinha em vista a misericórdia do Libertador usar de justiça antes que de poder como de um remédio mais próprio que qualquer outro para destruir o império do demônio. Porque de que era capaz o homem escravo do pecado e do demônio para recuperar a justiça de que havia caído? Era preciso que se lhe atribuísse uma justiça alheia, porque ele não tinha nenhuma própria. É o que foi feito. O príncipe deste mundo apresentou-se, e, embora não tenha encontrado nada no Senhor que lhe desse direito sobre ele, não deixou de tentar pôr as mãos sobre este homem inocente; foi assim que mereceu perder o poder mesmo que tinha sobre o homem culpado. Quando aquele que não estava submetido ao império da morte foi injustamente condenado, foi justamente libertado, assim, da servidão do demônio aquele que lhe estava sujeito; não é justo, com efeito, que o homem pague duas vezes sua dívida. O homem devia, e o homem pagou. Porque, diz o Apóstolo, "Se um só homem morreu por todos os outros, segue-se que todos os outros morreram nele" (2Cor 5,15), porque se lhes imputa a satisfação dada por este. Como ele assumiu os pecados do gênero humano, não se faz diferença entre aquele que comete o pecado e aquele que o expia, dado que os membros não formam senão um só e mesmo corpo com a cabeça que é Jesus Cristo; ora, a cabeça satisfez por seus membros, Cristo sofreu por suas próprias entranhas, quando, segundo o Evangelho de Paulo, que desmente o de Pedro... Abelardo, "Jesus Cristo morreu por nós e nos fez renascer com ele, quando expiou nossos pecados, apagou e destruiu o documento de nossa condenação, cravando-o à sua cruz, e despojou os principados e as potências inimigas" (Col 2,13,14).

Caput VI

16. Utinam ego inveniar in his spoliis, quibus spoliatae sunt contrariae potestates, traductus et ipso in possessionem Domini! Si me insecutus Laban arguerit, quod recesserim clam ab eo, audiat clam me accessisse ad eum, et ob hoc clam recessisse. Subjecit me illi causa secretior peccati: subduxit me illi ratio occultioris justitiae. Aut si gratis venumdatus sum, gratis non redimar? Si Assur sine causa calumniatus est mihi, sine causa causam exigit evasionis. Quod si dixerit, Pater tuus addixit te; respondebo, Sed frater meus redemit me. Cur non aliunde justitia, cum aliunde reatus? Alius qui peccatorem constituit, alius qui justificat a peccato; alter in semine, alter in sanguine. An peccatum in semine peccatoris, et non justitia in Christi sanguine? Sed justitia, inquiet, sit cujus est: quid ad te? Esto. Sed sit etiam culpa cujus est: quid ad me? An justitia justi super eum erit, et impietas impii non erit super eum? Non convenit filium portare iniquitatem patris, et fraternae fieri exsortem justitiae. Nunc ergo per hominem mors, et per hominem vita. Sicut enim *in Adam omnes moriuntur, ita et in Christo vivificabuntur* (I Cor. XV, 21, 22): quoniam non sic illi attineo, ut non et isti. Si illi per carnem; et per fidem huic: et si infectus ex illo originali concupiscentia; etiam Christi gratia spirituali perfusus sum. Quid mihi plus imputatur de praevaricatore? Si generatio, regenerationem oppono: nisi quod spiritualis est ista, illa carnalis, nec patitur ratio aequitatis ut ex aequo contendant: sed vincat necesse est spiritus carnem, et sit efficacior causa, cujus potior est et natura; quo plus videlicet prosit generatio secunda, quam prima nocuerit. Sane pervenit delictum ad me, sed pervenit et gratia. *Et non sicut delictum, ita et donum. Nam judicium ex uno in condemnationem; gratia autem ex multis delictis in justificationem* (Rom. V, 16). A primo homine manavit delictum, a summo coelo egressio gratiae. Utrumque a parente, illud a primo, ista a summo. Terrena nativitas perdit me: et non multo magis generatio coelestis conservat me? Nec vereor sic erutus de potestate tenebrarum repelli a Patre luminum, justificatus gratis in sanguine Filii ejus. Nempe ipse qui justificat: quis est qui condemnet? Non condemnabit justum, qui misertus est peccatori. Justum me dixerim, sed illius justitia. Quaenam ipsa? *Finis legis Christus, ad justitiam omni credenti* (Rom.

Capítulo VI

16. Praza ao Céu que eu esteja entre os despojados que foram tirados das potências adversas e tenha passado com os outros para as mãos do Senhor! Se Satã corre atrás de mim, como Labão correu atrás de Jacó, e se ele se lastima de que eu me salve sem o ter prevenido, que ele saiba que devo escapar dele, assim como havia fugido da casa do primeiro senhor a quem servia antes dele, sem despedir-me dele; porque, se o pecado foi a causa secreta de minha escravidão, uma justiça mais impenetrável ainda é a causa de minha libertação. Ah! fui vendido gratuitamente e não seria resgatado da mesma maneira! Se Assur me tiraniza injustamente, por que eu lhe prestaria contas de minha evasão? Se ele me diz que foi meu pai quem me libertou dele, eu responder-lhe-ei que foi meu irmão quem me tirou de suas mãos. Se participei do pecado alheio, por que não participarei da justiça de outro? Tornei-me pecador por obra de outro, fui justificado igualmente por obra de outro. Um transmite-me o pecado por seu sangue, o outro verte seu sangue por mim, a fim de comunicar-me sua justiça. Quer dizer então que a origem que tenho num pecador me transmitirá seu pecado, e o sangue de Jesus Cristo não me comunicará sua justiça? Mas, dir-se-á, a justiça é de todo pessoal, não lhe pertence: eu quero-lhe bem, mas que a falta também seja pessoal; se a justiça reside no justo, por que o pecado não se encontraria no pecador? É contrário à razão imputar ao filho a iniquidade do pai e não lhe imputar a inocência do irmão. Aliás, se um homem é o autor da morte, é também um homem o que o é da vida, porque, se "todos os homens morreram em Adão, todos os homens revivem em Jesus Cristo" (Rm 5,12), e eu pertenço a mais justo título a um que ao outro, dado que, se tenho o primeiro pela carne, tenho o segundo pelo espírito, e, se sou corrompido pela origem que tenho de um, sou santificado pela graça que recebo do outro. Por que assumir ainda a iniquidade do primeiro? Oponho ao defeito de meu nascimento a graça de meu renascimento, tanto mais porque o primeiro é carnal, enquanto a segunda é espiritual. Estes dois nascimentos não poderiam ser postos em paralelo, porque o espírito deve prevalecer sobre a carne; quanto mais sua natureza é excelente, mais seu mérito deve ser superior, e a segunda geração deve causar-nos mais bem do que a primeira nos fez de mal. É verdade que me embebi na falta, mas também participo da graça: ora, "não se dá com a graça o mesmo que se dá com o pecado, porque, se fomos condenados por um só pecado, fomos justificados de várias pecados" (Rm 5,16). O pecado vem do primeiro homem, a graça vem de Deus; um é nosso pai mortal, mas o outro é nosso Pai que está nos céus; se um nascimento terrestre me pode dar a morte, quanto mais um nascimento divino não me dará a vida? Temerei eu ser rejeitado pelo Pai das luzes,

Caput VI

X, 4). Denique *qui factus est nobis,* inquit, *justitia a Deo Patre* (I Cor. I, 30). Quae ergo mihi justitia facta est, mea non est? Si mea traducta culpa, cur non eet mea indulta justitia? Et sane mihi tutior donata, quam innata. Nam ista quidem gloriam habet, sed non apud Deum: illa autem, cum sit salutis efficax, materiam non habet gloriandi nisi in Domino. Nam *etsi justus fuero,* inquit, *non levabo caput* (Job X, 15); ne videlicet responsum accipiat: *Quid habes quod non accepisti? Si autem accepisti, quid gloriaris, quasi non acceperis?* (I Cor. IV, 7.)

quando ele me livrou do poder das trevas e me justificou gratuitamente no sangue de seu Filho? Quando ele me justificar, quem ousará condenar-me? Se tem para comigo misericórdia quando sou pecador, condenar-me-á quando sou justo? Digo justo não de minha justiça, mas da sua. Ora, o que é esta justiça? Responde o Apóstolo: "Jesus Cristo é o fim da lei para justificar todos os que creram nele. Foi ele o que nos foi dado por Deus Pai, para ser nossa justiça" (Rm 10,24). Quer dizer então que uma justiça que Deus me concede não seria para mim? Se meu pecado vem de outra parte, por que minha justiça não virá dele? Afinal, muito mais me vale tomá-la emprestada de outro que encontrá-la em meus próprios fundos. Esta seria sem glória aos olhos de Deus, mas, como recebo a que obra a minha salvação, não devo gloriar-me senão no Senhor que ma dá. Se sou justo, não devo envaidecer-me disso, para que não me possa ser dito: "Que tens tu que não recebeste, e, se o recebeste, por que te glorias como se não o tiveras recebido" (1Cor 4,7)?"

CAPUT VII

Abaelardum perstringit, impie ac temere Dei secreta scrutantem et extenuantem

17. Haec est justitia hominis in sanguine Redemptoris: quam homo perditionis exsufflans et subsannans, in tantum evacuare conatur, ut totum quod Dominus gloriae semetipsum exinanivit, quod minoratus est ab Angelis, quod natus de femina, quod conversatus in mundo, quod expertus infima, quod passus indigna, quod demum per mortem crucis in sua reversus: ad id solum putet et disputet redigendum, ut traderet hominibus formam vitae vivendo et docendo, patiendo autem et moriendo charitatis metam praefigeret. Ergo docuit justitiam, et non dedit; ostendit charitatem, sed non infudit; et sic rediit in sua? Itane hoc totum est *magnum* illud *pietatis sacramentum, quod manifestatum est in carne, justificatum est in spiritu, apparuit Angelis, praedicatum est gentibus, creditum est in mundo, assumptum est in gloria?* (I Tim. III, 16). Incomparabilis doctor, qui etiam profunda Dei sibi aperiens, et ea quibus vult lucida et pervia faciens, altissimum sacramentum, et mysterium absconditum a saeculis, sic nobis suo mendacio planum et apertum reddit, ut transire leviter per illud possit quivis, etiam incircumcisus et immundus: quasi Dei sapientia cavere nescierit aut neglexerit quod ipsa prohibuit, sed dederit et ipsa sanctum canibus, et margaritas porcis. Sed non est ita. Nam etsi manifestatum est in carne, sed tamen justificatum est in spiritu: ut et spiritualibus spiritualia conferantur; et animalis homo non percipiat quae sunt spiritus Dei; nec fides nostra sit in sapientia verbi, sed in virtute Dei. Unde Salvator ait, *Confiteor tibi, Pater, Domine coeli et terrae, quia abscondisti haec*

CAPÍTULO VII

Abelardo debilita, sondando-os tanto com impiedade como com temeridade, os segredos de Deus

17. Tal é a justiça que o homem adquire pelo sangue do Redentor; mas dela um homem de perdição escarnece e para ela aponta com desdém, tentando-a abolir quando pensa e sustenta que o Senhor da glória não se anulou, não se pôs abaixo dos anjos, não se dignou nascer de uma mulher e viver no meio de nós, não se sujeitou a nossas fraquezas, não sofreu tratamentos indignos e não quis reentrar em sua glória pela morte na cruz senão para traçar-nos um modelo de vida com sua conduta e com suas instruções, e para indicar-nos, por seus sofrimentos e por sua morte, até onde deve ir nossa caridade. Ele, pois, limitou-se a ensinar a justiça, mas sem dá-la; a mostrar-nos um exemplo de caridade, sem infundi-la em nossos corações; e, após isso, voltou aos céus. É portanto a isso que se reduz "este grande mistério de amor, que se manifestou na carne, que foi justificado pelo Espírito Santo, visto pelos anjos, pregado aos gentios, crido no mundo inteiro e exaltado na glória" (1Tm 3,16)? Que incomparável doutor! Ele descobre os próprios segredos de Deus, torna-os claros e acessíveis, quando quer, a seus discípulos; sabe muito bem aplanar com suas ficções as escarpas de um mistério situado tão alto e em lugar tão inacessível aos homens, que agora já não tem nada de impenetrável, mesmo para um incircunciso e para um pecador, como se a sabedoria de Deus nos fosse vedada à vista sem velar-se para nosso olhar; como se ela tivesse querido prostituir as coisas santas entregando-as aos cães, ou atirar pérolas aos porcos. Mas não, não poderia ser assim. Esse mistério, conquanto se tenha manifestado na Encarnação, não é sempre justificado senão pelo Espírito Santo, de modo que é preciso ser espiritual para conhecê-lo; jamais o homem carnal poderá conceber o que é do Espírito de Deus, e jamais a fé será para nós resultado de raciocínio; ela sempre será da virtude de Deus. Eis por que o Salvador disse um dia: "Graças vos dou, ó Pai, Senhor

Caput VII

a sapientibus et prudentibus, et revelasti ea parvulis (Matth. XI, 25); et Apostolus: *Etsi,* inquit, *opertum est Evangelium meum, in his est opertum qui pereunt* (II Cor. IV, 3).

18. Denique advertite hominem irridentem quae sunt spiritus Dei, quoniam stultitia illi videntur; et insultantem Apostolo loquenti Dei sapientiam in mysterio absconditam; invehentem in Evangelium, Dominum blasphemantem. Quam prudentius quod non valet comprehendere, credere dignaretur, nec auderet contemnere, aut conculcare sacrum reverendumque mysterium. Longum est ad omnes ejus ineptias et calumnias, quas divino struit consilio, respondere. Pauca tamen infero, e quibus caetera aestimentur. «Cum solos,» inquit, «electos liberaverit Christus, quomodo eos diabolus possidebat, sive in hoc saeculo, sive in futuro magis, quam modo?» Respondemus: Imo quia diabolus electos Dei possidebat, a quo, sicut dicit Apostolus, captivi tenebantur ad ipsius voluntatem (II Tim. II, 26): ut Dei propositum de ipsis impleretur, opus fuit liberatore. Oportuit autem liberari in hoc saeculo, ut liberos haberent in futuro. Deinde infert: «Nunquid etiam pauperem illum, qui in sinu Abrahae requiescebat, sicut et divitem damnatum, diabolus cruciabat; aut etiam in ipsum Abraham dominium habebat, caeterosque electos?» Non: sed habuisset, si non liberati fuissent fide venturi, sicut de ipso Abraham scriptum est: *Credidit Abraham Deo, et reputatum est ei ad justitiam* (Gen. XV, 6); item: *Abraham exsultavit ut videret diem meum; et vidit, et gavisus est* (Joan. XVIII). Propterea jam tunc sanguis Christi rorabat etiam Lazaro ne flammas sentiret: quod et ipse credidisset in eum qui erat passurus. Sic de omnibus electis illius temporis sentiendum, natos quidem et ipsos, aeque ut nos, sub potestate tenebrarum, propter originale peccatum: sed erutos antequam morerentur, et nonnisi in sanguine Christi. Scriptum est enim: *Turbae autem quae praecedebant, et quae sequebantur, clamabant dicentes: Hosanna filio David, benedictus qui venit in nomine Domini* (Matth. XXI, 9). Ergo Christo in carne venienti, et antequam veniret, et post, benedictum est a turbis benedictorum: quamvis praeeuntes plenam minime tunc consecuti sint benedictionem, servata nimirum hac praerogativa tempori gratiae.

do céu e da terra, porque escondestes estas coisas aos sábios e aos prudentes, e as revelastes aos simples e aos pequeninos" (Mt 11,25), e por que o Apóstolo dizia também: "Se meu Evangelho está encoberto, é para aqueles que se perdem" (2Cor 4,3).

18. Enfim, observe-se de que maneira esse homem põe em ridículo e trata como loucura o que há de mais santo e de mais espiritual na fé, e como insulta o Apóstolo que nos prega a sabedoria de Deus oculta em seu mistério. Ele declama contra o Evangelho, e blasfema contra o próprio Senhor. Quanto não seria ele mais sábio se cresse no que não se pode compreender e respeitasse com piedade um mistério tão santo e tão venerável em vez de calcá-lo aos pés? Seria demasiado longo responder a todas as suas impertinências e a todas as suas fantasias a respeito da sabedoria de Deus. Só referirei algumas, mas elas permitirão julgar as outras. "Não houve", diz ele, "os eleitos que foram outrora libertados por Jesus Cristo? Como pois o demônio teve mais poder sobre eles nesta vida ou na outra que o que tem presentemente?" Respondo a isso dizendo que, estando esses eleitos sob o império de Satã, que os mantinha cativos e os dominava a seu bel-prazer, como diz o Apóstolo (2 Tm 2,24), tiveram necessidade de um libertador para que os desígnios de Deus com respeito a eles pudessem cumprir-se; ele teve de livrá-los do jugo do demônio durante esta vida, para que fossem libertos igualmente na outra. Abelardo pergunta-se em seguida: "Se o pobre que repousava no seio de Abraão e o mau rico no inferno foram igualmente atormentados pelo demônio; e se o próprio Abraão, como o restante dos eleitos, lhe foi igualmente sujeito..." Não, responder-lhe-ei eu, mas ele certamente teria tido o mesmo poder sobre eles se eles não tivessem sido libertados pela fé que tinham no Messias que havia de vir, como se diz de Abraão; está escrito, com efeito, que "Abraão creu, e sua fé foi-lhe imputada à justiça" (Gn 15,6), e, alhures, que "Abraão suspirou por ver o dia do Salvador; viu-o, e esta visão o encheu de gozo" (Jo 8,56). É que desde então o sangue de Jesus Cristo gotejava sobre Lázaro para impedir que ele ardesse, porque ele cria desde então no Messias que o devia verter um dia. É preciso raciocinar do mesmo modo com relação a todos os outros eleitos daquele tempo. Eles nasciam como nós, sob o poder das trevas, por causa do pecado original; mas eram purificados dele antes de morrer, e não o eram senão pelo sangue de Jesus Cristo. Está escrito, com efeito: "Tanto os que o precediam como os que iam atrás gritavam, dizendo: Hosana ao Filho de Davi! Bendito seja o que vem em nome do Senhor" (Mt 21,9). Assim, todos os eleitos reconheceram o Messias, tanto os que o precederam como os que se seguiram a seu advento segundo a carne, com a diferença, porém, de que os primeiros não tiveram bênção tão abundante como os segundos, dado que tal vantagem estava reservada para o tempo da graça.

CAPUT VIII

Quare Christus tam gravem ac laboriosum nos liberandi modum susceperit, cum sola ejus voluntas seu jussio sufficeret

19. Deinde laborans docere et persuadere, diabolum nullum sibi jus in hominem vindicare potuisse aut debuisse, nisi permissu Dei, et quod sine injuria diaboli jure Deus profugum suum, si vellet misereri, repetere, et solo verbo eripere posset, quasi hoc quis diffiteatur, post multa aliquando infert: «Quae itaque necessitas, aut quae ratio, aut quod opus fuit, cum sola jussione sua, divina miseratio liberare hominem a peccato posset; propter redemptionem nostram Filium Dei carne suscepta, tot et tantas inedias, opprobria, flagella, sputa, denique ipsam crucis ignominiosam et asperrimam mortem sustinere, ut cum iniquis patibulum sustineret.» Respondemus: Necessitas nostra fuit, et necessitas dura sedentium in tenebris et umbra mortis. Opus, aeque nostrum, et Dei ipsius, et sanctorum Angelorum. Nostrum, ut auferret jugum captivitatis nostrae: suum, ut impleretur propositum voluntatis ejus: Angelorum, ut numerus impleretur eorum. Porro ratio hujus facti fuit dignatio facientis. Quis negat Omnipotenti ad manum fuisse alios et alios modos nostrae redemptionis, justificationis, liberationis? Verum hoc non praejudicat hujus, quem e multis elegit, efficaciae. Et fortasse is praestat, per quem in terra oblivionis, gravedinis, lapsus nostri, tot et tantis gravaminibus Reparatoris fortius et vivacius admoneremur. Alias autem nemo hominum novit, nec noscere ad plenum potest, quid boni ad gratiam, quid congruentiae ad sapientiam, quid decori ad gloriam, quid commodi ad salutem, penes se ipsam contineat hujus venerandi mysterii

CAPÍTULO VIII

Por que Cristo escolheu um meio de libertar-nos tão penoso e doloroso, quando lhe teria bastado um só ato de sua vontade ou uma só palavra de sua boca

19. Depois, esforçando-se por demonstrar que Satã não tinha direito sobre o homem e que não o pôde ter senão enquanto Deus lho permitiu; que Deus podia sem injustiça pedir-lhe de volta este escravo fugitivo e até tirá-lo dele com uma palavra, desde que quisesse fazer misericórdia a este escravo; como se alguém duvidasse disso, ele conclui dizendo: "Porque a bondade divina podia salvar o homem por um ato de vontade absoluta, qual a necessidade, qual o motivo, qual a razão de suportar que o Filho de Deus se tenha revestido de nossa carne, que tenha sofrido tantas misérias e privações, aguentado tais opróbrios, tal flagelação e tais cusparadas, que, enfim, tenha morrido da morte ignominiosa e cruel da cruz, e compartilhado a execução dos celerados para redimir-nos?" Respondo a isso: era uma necessidade para ele por causa de nós, por causa de todos os que estavam sentados à sombra da morte. Era conveniente para nós, para Deus, para os próprios santos Anjos que assim fosse; para os homens, a fim de romper os grilhões de sua escravidão; para Deus, a fim de que seus decretos se cumprissem; e para os Anjos, a fim de que os vazios de suas fileiras fossem preenchidos. De resto, o bel-prazer de Deus foi a regra de sua conduta. Quem ousaria pretender que o Todo-poderoso não tinha milhares de outros meios para redimir-nos, para justificar-nos e para libertar-nos? Mas isso não diminui em nada a eficácia daquele que ele escolheu; talvez tenha escolhido o melhor e mais capaz de curar nossa ingratidão e lembrar-nos perfeitamente a grandeza de nossa queda mediante a grandeza das penas que ela custou a nosso Redentor. Aliás, nenhum homem sabe nem pode saber perfeitamente os tesouros de graças, as conveniências de sabedoria, as fontes de glória e os remédios de salvação

inscrutabilis altitudo: quam propheta considerans expavit, non penetravit (Habac. III, 2, juxta LXX); et praecursor Domini indignum se judicavit qui penetraret (Joan. I, 27).

20. Caeterum si non licet perscrutari divinae sacramentum voluntatis, licet tamen sentire effectum operis, fructum utilitatis percipere. Et quod licet scire, non licet tacere: quia *gloria regum celare verbum, et gloria Dei investigare sermonem* (Prov. XXV, 27). Fidelis sermo, et omni acceptione dignus! quoniam cum adhuc peccatores essemus, reconciliati sumus Deo per mortem Filii ejus (Rom. V, 10). Ubi reconciliatio, et remissio peccatorum. Nam si, dicente Scriptura, *Peccata nostra separant inter nos et Deum* (Isai. LIX, 2), manente peccato, non est reconciliatio. In quo ergo remissio peccatorum? *Hic calix,* inquit, *novi testamenti in meo sanguine, qui pro vobis effundetur in remissionem peccatorum* (Matth. XXVI, 28; Luc. XXII, 20). Itaque ubi reconciliatio, ibi remissio peccatorum. Et quid ipsa, nisi justificatio? Sive igitur reconciliatio, sive remissio peccatorum, sive justificatio sit; sive etiam redemptio, vel liberatio de vinculis diaboli a quo captivi tenebamur ad ipsius voluntatem: intercedente morte Unigeniti obtinemus, justificati gratis in sanguine ipsius, *in quo,* sicut idem dicit, *habemus redemptionem per sanguinem ejus et remissionem peccatorum, secundum divitias gratiae ejus* (Ephes. I, 7). Cur, inquis, per sanguinem, quod potuit facere per sermonem? Ipsum interroga. Mihi scire licet quod ita: cur ita, non licet. Nunquid dicit figmentum ei qui se finxit: Quid me finxisti sic!

21. Sed haec stultitia ei videntur: non potest tenere risum. Audite cachinnos. «Quomodo,» ait , «justificari nos vel reconciliari Deo per mortem Filii ejus dicit Apostolus, qui tanto amplius adversus hominem irasci debuit, quanto amplius homines in crucifigendo Filium suum deliquerunt, quam in transgrediendo primum ejus praeceptum unius pomi gustu?» Quasi non potuerit Deo in uno eodemque et facto displicere iniquitas malignantium, et placere pietas patientis. Et ait: «Quod si tantum fuerat illud Adae peccatum, ut expiari non posset nisi morte Christi, quam expiationem habebit ipsum homocidium, quod in Christo commissum est?» Breviter respondemus, ipsum sanguinem quem fuderunt et interpellationem ipsius quem occiderunt. Addit etiam: «Nunquid mors

que estão ocultos nas incompreensíveis profundezas deste augusto mistério, de que o simples pensamento enchia o Profeta de admiração (Hab 3,2, juxta, LXX), e que o precursor de Deus se crê indigno de penetrar (Jo 1,27).

20. Por outro lado, porém, se não nos é permitido escrutar os secretos desígnios de Deus, podemos ao menos sentir o efeito de suas cobertas e recolher seus frutos preciosos. Publiquemos, pois, ao menos o que sabemos, porque, se "é honrar os reis guardar-lhes o segredo, é honrar a Deus publicar suas maravilhas" (Prov 25,2). É uma verdade indubitável e digna de todo o nosso reconhecimento que, quando éramos pecadores, fomos reconciliados com Deus pela morte de seu Filho. Ora, dizer reconciliação é dizer remissão (Rm 5,10), porque o "pecado ergue um muro de separação entre Deus e nós" (Is 59,2); enquanto ele subsiste, não pode haver reconciliação. Ora, em que consiste esta remissão dos pecados? Respondem-nos as Escrituras: "Este cálice é a nova aliança em meu sangue, que será derramado para a remissão dos pecados" (Lc 22,20). Jamais há, pois, reconciliação sem remissão dos pecados. Ora, esta reconciliação não é senão nossa justificação. E esta reconciliação, esta remissão dos pecados, esta justificação, esta redenção, esta libertação da escravidão do demônio, tudo isso nos é obtido pela morte do Filho único de Deus, o qual nos justificou gratuitamente em seu sangue. Porque "é nesse sangue", diz o Apóstolo, "que encontramos a redenção e a remissão de nossos pecados, segundo os tesouros de sua graça" (Col 1,14). Por que, pois, dizes tu que ele fez por seu sangue o que teria podido fazer com uma palavra de sua boca? Pergunta-lho a ele; o que sei é que é assim, mas não me foi dado saber mais. É como se o vaso de barro dissesse ao oleiro que o enforma: Por que me fazes desta forma?

21. Mas isso a Abelardo parece loucura, e ele não pode impedir-se de rebentar de rir. Ouçamos sua gargalhada: "Como", diz ele, "poderia o Apóstolo pretender que fôssemos justificados e reconciliados com Deus pela morte de seu Filho, se o homem o ofendeu muito mais dando-lhe a morte que comendo do fruto proibido?" É como se, no mesmo fato, Deus não pudesse olhar com horror a malícia de uns e ao mesmo tempo ver com complacência a caridade daquele que padece a morte. "Mas", acrescenta ele, "se o pecado de Adão era tão enorme que era necessário nada menos que a morte de Jesus Cristo para apagá-lo, qual não será a expiação do assassinato do próprio Jesus Cristo?" Eu responder-lhe-ei em uma palavra: será o sangue mesmo que seus assassinos fizeram correr e a prece que ele fez ao morrer. "Como", replica ele, "a morte de um Filho inocente pode ter sido

Caput VIII

innocentis Filii in tantum Deo Patri placuit, ut per ipsam reconciliaretur nobis, qui hoc peccando commisimus, propter quod innocens Dominus est occisus: nec nisi hoc maximum fieret peccatum, illud multo levius potuit ignoscere?» Non mors, sed voluntas placuit sponte morientis, et illa morte expungentis mortem operantis salutem, restituentis innocentiam, triumphantis principatus et potestates, spoliantis inferos, ditantis superos, pacificantis quae in coelo sunt et quae in terra, omnia instaurantis. Et quoniam haec tam pretiosa mors, voluntarie suscipienda adversus peccatum, non tamen poterat fieri nisi per peccatum, non delectatus quidem, sed tamen bene usus malitia sceleratorum, et mortem de morte, et de peccato damnavit peccatum. Et quanto illorum major iniquitas, tanto ejus voluntas sanctior, et eo potentior, ad salvandum: quatenus tanta mediante potentia antiquum illud, quamvis grande peccatum, necessario tamen huic, quod in Christo, commissum est, cederet, tanquam minus majori. Nec peccato sive peccantibus ascribitur haec victoria; sed bene utenti peccato, et peccantes fortiter perferenti, et convertenti in usum pietatis, quidquid in ipsum ausa est crudelitas impiorum.

22. Fuit vero sanguis qui effusus est, tam multus ad ignoscendum, ut ipsum quoque peccatum maximum, quo factum est, ut effunderetur, deleret; ac per hoc de antiqui illius, utpote levioris, deletione nullam omnino dubietatem relinqueret. Deinde iste. «Cui vero,» inquit, «non crudele et iniquum videtur, ut sanguinem innocentis in pretium aliquod quis requisierit, ut ullo modo ei placuerit innocentem interfici; nedum Deus tam acceptam Filii mortem habuerit, ut per ipsam universo reconciliatus sit mundo?» Non requisivit Deus Pater sanguinem Filii, sed tamen acceptavit oblatum; non sanguinem sitiens, sed salutem, quia salus erat in sanguine. Salus plane, et non, sicut iste sapit et scribit, sola charitatis ostensio. Sic enim concludit tot calumnias et invectiones suas, quas in Deum tam impie, quam imperite evomuit, ut dicat: «Totum esse quod Deus in carne apparuit, nostram de verbo et exemplo ipsius institutionem, sive, et postmodum dicit, instructionem; totum quod passus et mortuus est, suae erga nos charitatis ostensionem vel commendationem .»

Capítulo VIII

tão agradável a seu Pai que nos tenha reconciliado com ele, ainda que tenham sido nossos pecados o que lhe causou a morte? Deus não podia perdoar-nos um pecado muito menor senão permitindo que se cometesse o mais terrível dos atentados?" Não é o assassinato de seu Filho o que Deus tem por agradável, mas o sacrifício voluntário que seu Filho faz de sua vida. Ele submete-se voluntariamente à morte, e esta morte destrói a morte mesma, obra a nossa salvação, recupera a inocência, triunfa sobre as fraquezas, despoja o inferno, enriquece o céu, purifica e restabelece todas as coisas. Como esta morte preciosa que o Filho aceita e sofre voluntariamente não pode abolir o pecado senão por meio de outro pecado, Deus serve-se da iniquidade, sem aprová-la, e encontra o meio de destruir a morte e o pecado na morte de seu Filho, e no pecado dos que o crucificam. Quanto maior é a iniquidade destes últimos, mais santa é a vontade do primeiro e, por conseguinte, mais poderosa é para nossa salvação; sua virtude foi bastante forte para apagar o pecado do primeiro homem, por maior que fosse, mediante um pecado ainda maior. Mas esta vitória não é efeito do pecado nem do pecador; quanto a ela, somos devedores daquele que sabe extrair o bem do mal e encontrar na própria crueldade de seus assassinos um fundo infinito de misericórdia.

22. Sim, se certamente o sangue de Jesus Cristo era de mérito tão grande que podia obter o perdão e apagar o pecado dos que o derramavam, com mais razão ainda era capaz de apagar o primeiro pecado, que é muito menor. "Mas", continua o nosso doutor, "não parece injusto e cruel exigir o sangue inocente para o resgate de um sangue criminoso e vê-lo correr sem motivo? É preciso, pois, que a efusão daquele sangue tenha sido tão agradável a Deus, que foi capaz de fazê-lo reconciliar-se com o homem." O Pai não exigiu o sangue de seu Filho, senão que o aceitou em oblação; não o alteraria esse sangue, mas era nossa salvação o que dependia de sua efusão. Era preciso que o Filho de Deus o derramasse para salvar-nos, e não somente para dar-nos um exemplo de caridade, como pensa e ensina o nosso doutor. Porque este homem, após ter vomitado milhares de blasfêmias contra Deus, conclui enfim, com não menos ignorância que impiedade, "que Deus não se tornou visível sob o véu de nossa carne senão para tornar-se nosso modelo, ou", como diz em seguida, "para servir-nos de regra e de lição com sua doutrina e com suas obras: enfim, ele não quis sofrer e morrer senão para dar-nos uma prova de seu amor".

CAPUT IX

Christum venisse in mundum, non solius instructionis nostrae, sed et liberationis causa

23. Caeterum quid prodest quod nos instituit, si non restituit? Aut nunquid frustra instruimur, si non prius destruatur in nobis corpus peccati, ut ultra non serviamus peccato? Si omne quod profuit Christus, in sola fuit ostensione virtutum; restat ut dicatur, quod Adam quoque ex sola peccati ostensione nocuerit: siquidem pro qualitate vulneris allata est medicina. *Sicut* enim *in Adam omnes moriuntur, ita et in Christo omnes vivificabuntur* (I Cor. XV, 22). Ergo sicut hoc, ita et illud. Si vita, quam dat Christus, non est alia, quam institutio ejus; nec mors utique, quam dedit Adam, alia erit similiter quam institutio ejus: ut ille quidem ad peccatum exemplo suo, hic vero exemplo et verbo ad bene vivendum, et se diligendum homines informarent. Aut si christianae fidei, et non haeresi Pelagianae acquiescentes, generatione, non institutione traductum in nos confitemur Adae peccatum, et per peccatum mortem; fateamur necesse est, et a Christo nobis, non institutione, sed regeneratione restitutam justitiam, et per justitiam vitam: *ut sicut per unius delictum in omnes homines in condemnationem, sic et per unius justitiam in omnes homines in justificationem vitae* (Rom. V, 18). Et si ita est, quomodo is dicit, «consilium et causam incarnationis fuisse, ut mundum luce suae sapientiae illuminaret, et ad amorem suum accenderet.» Ubi ergo redemptio? A Christo nempe ut fateri dignatur, illuminatio et provocatio ad amorem: redemptio et liberatio a quo

24. Esto quod Christi adventus illis prosit, qui se illi possunt conformare per vitam, et vicem ei dilectionis rependere: quid de parvulis? quam dabit

CAPÍTULO IX

Cristo veio a este mundo não somente para nos instruir, mas também para libertar-nos

23. Aliás, que vantagem há para nós em ser formados por seus exemplos sem ser reformados por sua graça? Ou de que nos adianta ser instruídos se permanecemos escravos do pecado? Se todo o bem que Jesus Cristo nos faz se limita ao exemplo de suas virtudes, é preciso dizer também que o mal que Adão nos causa consiste inteiramente no exemplo de sua prevaricação, porque deve haver certa relação de conformidade entre o mal e o remédio. Com efeito, diz o Apóstolo que, "assim como todos os homens morrem em Adão, assim também todos são vivificados em Jesus Cristo" (1Cor 15,22). Dessa forma, há perfeito paralelismo entre um e outro. Por conseguinte, se a vida que Jesus Cristo nos dá não é senão um exemplo de suas virtudes, segue-se que a morte que Adão nos dá igualmente não consiste senão no mero exemplo de seu pecado; um traça-nos com suas ações e com seus discursos regras de sabedoria e de caridade, enquanto o outro nos dá em sua desobediência um exemplo de prevaricação. Mas, para falar de maneira conforme à fé cristã e não como pelagianos, devemos dizer que, assim como nós morremos em Adão e participamos de seu pecado nascendo dele, não imitando-o, assim vivemos por Jesus Cristo e participamos de sua justiça não somente imitando-o, mas renascendo nele, de modo que, "assim como pelo pecado de um só incorreram todos os homens na condenação, assim pela justiça de um só recebem todos os homens a justificação que dá a vida" (Rm 5,18). Como pois ousa ele defender que o Filho de Deus não teve motivo para encarnar além de esclarecer o mundo por suas luzes e abraçá-lo com seu amor? Se assim fosse, onde estaria pois a redenção e qual seria nosso redentor e libertador, porque segundo ele Jesus Cristo não fez outra coisa além de iluminar-nos e de excitar-nos à caridade?

Caput IX

lucem sapientiae vix adhuc captantibus lucem vitae? unde accendet ad Dei amorem, qui necdum matres suas amare noverunt? Nihilne proderit eis adventus Christi? nihil quod complantati sunt similitudini mortis ejus per Baptismum, quoniam nondum possunt, prohibente aetate, Christum sapere aut amare? «Redemptio itaque,» ait, «nostra est, illa summa in nobis per Christi passionem dilectio.» Ergo parvuli non habent redemptionem, quia non habent summam illam dilectionem. An sicut non habent unde diligant, ita nec unde pereant, ut non sit eis in Christo necessaria regeneratio, utpote quibus generatio ex Adam nihil nocuerit? Si hoc sapit, cum Pelagio desipit. Quidquid horum sentiat, patet quantum humanae sacramento salutis invideat; quantum, quod in ipso est, evacuet alti dispensationem mysterii, qui totum de salute tribuit devotioni, regenerationi nihil: qui nostrae gloriam redemptionis, et summam salutis, non in virtute crucis, non in pretio sanguinis, sed in nostrae constituit conversationis profectibus. Mihi autem absit gloriari, nisi in cruce Domini nostri Jesu Christi (Galat, VI, 14), in qua est salus, vita et resurrectio nostra.

25. Et quidem tria quaedam praecipua in hoc opere nostrae salutis intueor: formam humilitatis, in qua Deus semetipsum exinanivit; charitatis mensuram, quam usque ad mortem, et mortem crucis extendit; redemptionis sacramentum, quo ipsam mortem, quam pertulit, sustulit. Horum duo priora sine ultimo sic sunt, ac si super inane pingas. Magnum profecto et valde necessarium humilitatis, magnum et omni acceptione dignum charitatis exemplum: sed non habent fundamentum, ac proinde nec statum, si desit redemptio. Volo totis nisibus humilem sequi Jesum; cupio eum qui dilexit me, et tradidit semetipsum pro me, quibusdam brachiis vicariae dilectionis amplecti: sed oportet me et Agnum manducare paschalem. Nisi enim manducavero carnem ejus, et bibero ejus sanguinem, non habebo vitam in memetipso. Aliud sequi Jesum, aliud tenere, aliud manducare. Sequi, salubre consilium; tenere et amplecti, solemne gaudium; manducare, vita beata. Caro enim ejus vere est cibus, et sanguis ejus vere est potus. Panis est Dei qui de coelo descendit, et dat vitam mundo (Joan. VI, 56, 1072C 33). Quis status gaudio, sive consilio, absque vita? Nempe haud alius quam picturae absque solido. Ergo nec humilitatis exempla, nec charitatis insignia, praeter redemptionis sacramentum, sunt aliquid.

Capítulo IX

24. Naturalmente, quero que o advento de Jesus Cristo possa aproveitar aos que o imitam e lhe dão amor por amor; mas o que dizer das crianças? Que facho de sabedoria dará ele aos que ainda mal viram a luz do dia? Como elevará ele até ao amor de Deus os que ainda não são capazes de amar a própria mãe? Quer dizer, então, que não participarão da graça de Jesus Cristo? Após terem sido sepultados com ele em seu batismo pela semelhança de sua morte (Rm 6,5), não recolherão nenhum fruto porque ainda não estão em idade de apreciá-lo e de amá-lo? "A redenção", segundo ele, "consiste num perfeito amor de Deus, excitado pela visão dos sofrimentos de Jesus Cristo", do que se segue que as crianças são privadas do favor da redenção em razão de serem desprovidas desse amor. Será que estão fora do perigo de condenação porque não estão ainda em estado de amar? E não estariam mortas em Adão, para não ter necessidade de renascer em Jesus Cristo? Pensar desse modo é incorrer nas fantasias de Pelágio. É evidente que, qualquer que seja a interpretação que ele dá a esse sentir, arruína a obra da salvação, anula, tanto quanto lhe é possível, a economia deste profundo mistério, ao atribuir tudo à prática e nada à regeneração, e ao fundar a essência da salvação e a glória da redenção no progresso da virtude, não nas misérias da cruz e do sangue de Jesus Cristo. "Longe de mim o gloriar-me senão na cruz do Salvador, onde se encontra para nós a salvação, a vida e a ressurreição" (Gl 6,14).

25. Ora, considero principalmente três coisas na obra de nossa salvação: o estado de humildade até ao qual Deus se anulou; a medida de sua caridade, que ele a estendeu até ao morrer e ao morrer de morte na cruz; e o mistério da redenção em que ele destruiu a morte padecendo-a. É querer pintar sobre o vazio separar este último ponto dos dois outros. Ele não é certamente tão grande e tão necessário como aquele exemplo de humildade, e não é maior nem mais digno de nosso reconhecimento que aquele exemplo de caridade; mas um e outro sem a redenção deixam de ter fundamento e consistência. Proponho-me a marchar com todas as minhas forças sobre os passos de Jesus humilde; sinto-me de todo desejoso de amar, por meu turno, àquele que me amou primeiro e se entregou por mim; quereria tomá-lo nos braços de minha caridade, mas é preciso também que eu coma o Cordeiro pascal; porque não terei a vida em mim se não comer de sua carne e não beber de seu sangue. É preciso distinguir entre seguir a Jesus Cristo, amá-lo e comê-lo. É um desígnio salutar segui-lo; é um doce prazer amá-lo; mas é a verdadeira vida, a beatitude mesma, comê-lo: porque sua carne é verdadeiramente comida, e seu sangue é verdadeiramente bebida (Jo 6,56). Ele é o pão descido do céu para dar ao mundo a vida. A felicidade que

Caput IX

26. Haec, Domine, Pater, de labore manuum pueri vestri qualiacunque tenetis, adversus pauca quidem novae haereseos capitula: ubi etsi non aliud quam zelum agnoscitis meum, tamen propriae interim conscientiae satisfeci. Nam cum non esset quod agerem pro injuria fidei quam dolebam; operae mihi pretium arbitror, si illum monui, cujus arma potentia a Deo ad destructionem contrariarum assertionum, ad destruendam omnem altitudinem extollentem se adversus scientiam Dei, et in captivitatem redigendum omnem intellectum in obsequium Christi. Sunt et alia in aliis ejus scriptis non pauca, nec minus mala capitula, ad quae nec temporis, nec epistolae angustia respondere permittit. Quanquam nec necessarium putem, cum sint adeo manifesta, ut ipsa etiam vulgata fide facile refellantur. Collegi tamen aliqua, et transmisi.

se pode desfrutar e o desígnio que se pode seguir terão algo de real e de estável se a vida mesma está ausente? Não é como uma pintura sem corpo? Igualmente, sem a redenção este modelo de humildade e este testemunho de caridade não são nada.

26. Eis, santíssimo Pai, a pequena obra que vosso humilíssimo servidor toma a liberdade de apresentar-vos contra alguns dos principais erros de uma heresia nascente. Se não virdes nela senão uma prova de meu zelo, não terei feito menos que o que minha consciência exigia que eu fizesse. Sensível aos ataques de que era objeto a fé, mas incapaz de detê-los por mim mesmo, julguei por bem fazê-lo advertindo àquele a quem Deus deu armas poderosas para exterminar o erro, para abater tudo o que se eleva contra a ciência de Deus, e para reduzir toda e qualquer inteligência à obediência de Jesus Cristo. Encontram-se em seus outros escritos várias outras proposições igualmente más, mas nem o pouco tempo de que disponho nem a extensão de uma carta me permitem refutá-las. Aliás, nem o julgo necessário; são de falsidade tão evidente, que as razões mais comuns de nossa fé são suficientes para destruí-las. Fiz todavia uma seleção delas, que vos envio.[4]

Notas

[1] Trata-se do padre secular Jacobus Merlo Hortius (1597-1644), que, em 1635, preparou um importante católogo das cartas de São Bernardo de Claraval. A presente "Advertência" foi extraída da edição da *Opera Omnia* de São Bernardo que veio à luz no ano de 1719. NOTA DO COORDENADOR DA COLEÇÃO MEDIEVALIA.

[2] A Carta 190, cujo destinatário era o Papa Inocêncio II, está publicada ao final desta edição.

[3] Sermão XVII, no original.

[4] Desta seleção feita por Bernardo e enviada ao Papa Inocêncio II constam vários tópicos retirados, respectivamente, de três livros de Abelardo: 1- *Teologia*; 2- *Sentenças*; e 3- *Conhece-te a ti mesmo*. Entre eles estão os dezenove mencionados na Apresentação ao presente volume feita pelo professor Carlos Nougué, os quais foram condenados no Concílio de Sens (1140).

Conheça outros títulos da Coleção Medievalia

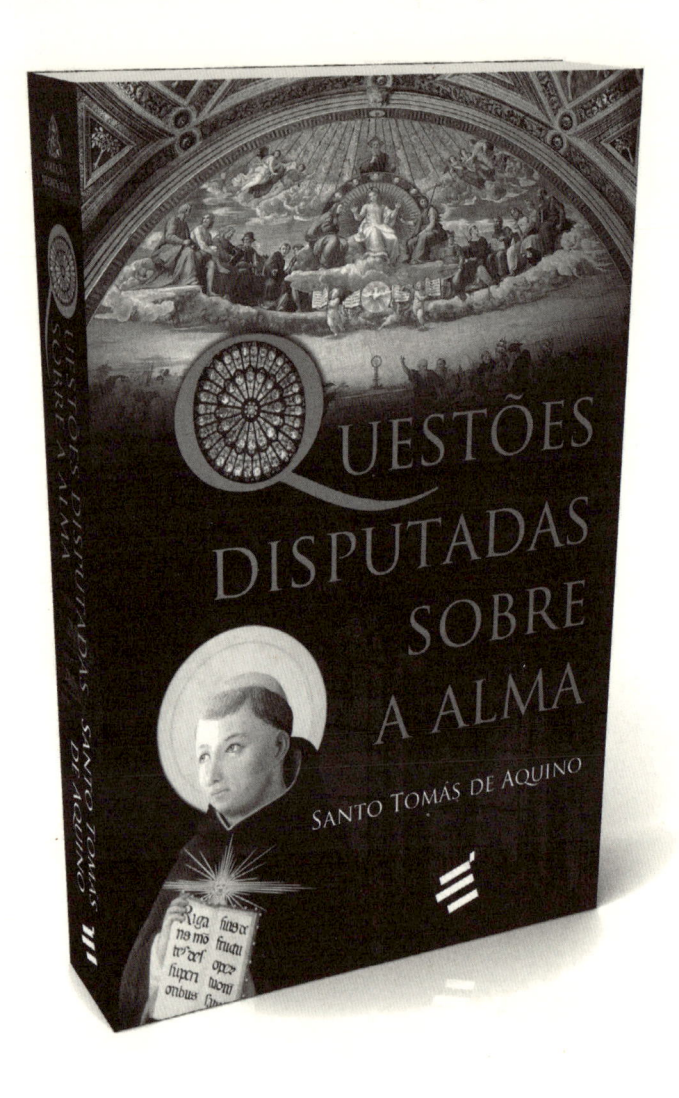

QUESTÕES DISPUTADAS SOBRE A ALMA
SANTO TOMÁS DE AQUINO

Este livro é um dos ápices da filosofia perene. Nele, Santo Tomás de Aquino, como afirma o professor Carlos Augusto Casanova, no Prólogo, funde a sabedoria platônica e a aristotélica, a reflexão filosófica e o ensino bíblico, as intuições neoplatônicas, a meditação patrística e a precisão escolástica.

Erudição a serviço da fé. Esta frase serve perfeitamente para toda a obra de Clemente de Alexandria, mas se adapta com particular ênfase a este livro, notável chamado à conversão dirigido por um padre da Igreja aos gregos de sua época – mas também a homens de todos os tempos.

Duns Scot apresenta em *Tratado do Primeiro Princípio* sua prova metafísica da existência de Deus. Aqui, talvez mais do que em outras obras, o autor faz jus ao epíteto de "Doutor Sutil" ao vislumbrar uma ordem essencial inescapável, fazendo uso de conceitos tomados de empréstimo a outros filósofos, porém integrados em um sistema marcadamente seu.

facebook.com/erealizacoeseditora
twitter.com/erealizacoes
instagram.com/erealizacoes
youtube.com/editorae
issuu.com/editora_e
erealizacoes.com.br
atendimento@erealizacoes.com.br